大学体育教学改革与创新

张 琦 柴 猛 著

吉林科学技术出版社

图书在版编目（CIP）数据

大学体育教学改革与创新 / 张琦，柴猛著. -- 长春：
吉林科学技术出版社, 2020.9
ISBN 978-7-5578-7584-8

Ⅰ.①大… Ⅱ.①张… ②柴… Ⅲ.①体育教学－教
学研究－高等学校 Ⅳ.①G807.4

中国版本图书馆 CIP 数据核字(2020)第 189107 号

大学体育教学改革与创新

著　　　　张　琦　柴　猛
出 版 人　宛　霞
责任编辑　张　超　张延明
封面设计　青岛金石文化科技有限公司
制　　版　青岛金石文化科技有限公司
幅面尺寸　185 mm×260 mm
开　　本　16
印　　张　13.75
印　　数　1－1500册
字　　数　220千字
版　　次　2020年10月第1版
印　　次　2021年5月第2次印刷

出　　版　吉林科学技术出版社
发　　行　吉林科学技术出版社
地　　址　长春净月高新区福祉大路5788号出版大厦A座
邮　　编　130118
发行部传真 / 电话　0431-81629529　81629530　81629231
　　　　　　　　　　81629532　81629533　81629534
储运部电话　0431-86059116
编辑部电话　0431-81629517
印　　刷　保定市铭泰达印刷有限公司

书　　号　ISBN 978-7-5578-7584-8
定　　价　45.00元

前　言

　　体育教育是现代素质教育的重要组成部分，是现代教育事业的重要一环，作用越来越显著，现今也得到了社会各界的广泛关注。在大学开展好大学生的体育教育工作，目的是为了更好地培养学生强健的身体素质和健康的体魄，为更好地进行各项学习和工作以及未来走向社会、服务社会打下牢固的基础。学校体育是学校教育中必不可少的重要组成部分，是培养德、智、体、美全面发展的社会主义建设人才的一个重要方面，是学校教育过程中无可替代的重要的教育方法和手段。

　　常言说，身体是革命的本钱，有了健康的身体才能更好地投身于社会。从20世纪50年代开始，我国各所高校就相继进行体育教育的各项改革，特别是到了21世纪，更是将体育教育摆在重要的战略地位。这是一项前无古人的教育改革，需要我们在不断摸索和探索中寻找出一套适合的改革方案，促进体育教育的优化和发展。

目　录

第一章　大学体育教学新思路

体育教育作为素质教育的核心内容，其在提高学生综合素质上有着无法比拟的作用。近年来，随着高等教育体系的不断调整与完善，体育教育取得了空前的发展。然而，现有的体育教育依然无法脱离传统模式的禁锢，在实际的体育教学活动中，仍旧存在一系列尚未解决的问题，这些问题的存在使得体育教学陷入困境，处于为难的境地。鉴于此，新课程改革深入推进与深化的环境背景下，大学相关体育教育工作者，应在实施教学活动中，实现教学方式的革新，以教学思路和方法为切入点，进行优化创新，以提高体育教学成效，为提高学生体育素养以及综合素养水平提供平台，从而进一步为学生的可持续发展奠定良好的基础。

第一节　当代大学生体育发展新要求

当前体育呈现出前所未有的全新发展态势，对于高校体育教育来说，应如何把握新形势下体育的新特点，利用好这个教育平台，培养学生的体育能力，是值得我们深思的。本文从新形势体育的特点着手，分析了大学生体育能力的主要表现方面，并提出了相关的建议。

一、新形势下体育呈现的特点

（一）体育的社会功能增强

日常健身的运动场作为社会的缩影，其社会功能明显增强。形形色色的人聚集在这里，除 健身强体外，青少年从中培养社会所需要的平等参与意识、公平竞争意识和创新意识；成年人则为共同利益或兴趣，在运动中结交朋友，融洽关系，商谈业务，显示社会地位；老年人健身防病，消除孤独，激发活力，颐养天年。

（二）体育向身心和谐方向发展

未来社会的快节奏、高时效、高技术密集型的生活方式，使人们心理紧张加剧，体力耗能降低，体脑倒置。为补偿这种偏差，缓解脑力紧张，人们对体育活动的要求提高。因此，体育的趣味性增加。人们可以从身体活动中得到美感，享受身体的愉悦，体育的自然性增强。

（三）健心健脑的、新型的运动项目出现

因为信息共享，富于民族特色的运动项目得以流传。其次，未来社会向脑力型转变，体育必将适应社会需求随之发生相应变化，以提高心力，培养脑力为主要目标，兼顾体力耗能的运动项目将日益受到欢迎，如球类、赛艇等。新型的运动项目可能被创造出来，如电子游戏、虚拟情境下的运动等，都可能发展为新的运动项目。

（四）体育的形式多样化

流行性社会所提供的信息共享，使人们能很快接收各式各样的运动形式，只要感兴趣就可学习，通过媒体传播，形成一阵热潮，如我国曾出现过的气功热、呼啦圈热等。同时信息社会 的灵活性、自由性，使得大众能各取所需、各尽所能，按照自己的意愿活动。因此自我体育增加，个体化明显。有共同兴趣的小团体活动增加，家庭体育活跃。非竞技体育蓬勃发展。

（五）体育知识系化，主动模仿，主动学习成为体育学习的重要方式

公民的整体素质大幅度提高，对于体育学科的认识，对于动作技能的掌握，更加科学化、系统化。人们树立了终身体育的观点，能主动吸收各种信息，模

仿、创造学习动作技能，寻求 各种形式的体育锻炼。通过信息技术系统，主动模仿、主动学习工作技能，将成为运动学习的重要方式。

二、大学生体育能力的培养方向

体育能力是一种特殊能力，它是由知识、技术、技能和智力构成的一种个性身心品质的综合体。这一综合体，在体育运动中表现出来，就是能顺利地、成功地完成一系列体育活动的实 践，逐步形成和提高。

（一）身休锻炼能力的培养

随着我国政治和体育的社会化、终身化，经济的不断发展，越来越多的人进行身体锻炼， 这就给高校体育提出培养大学生具备独立进行体育锻炼能力的问题，使他们走上社会后，能够更好地进行自我身体锻炼，并充当家庭和社会的指导者。为此，就必须在大学体育中加强对他们身体锻炼能力的培养。

（二）开拓创新能力的培养

发展学生个性与提高学生的心理素质，与培养学生开拓创新思想和能力有着极其密切的关系。在体育教学活动中，学生是主体，进行各种身体活动、游戏竞赛，并通过人与人的频繁交往，人的兴趣、性格和气质等个性心理特征容易表现出来，这对培养和发展良好的个性心理是 有利的。

（三）组织和管理能力的培养

为了培养学生的组织管理能力，在体育课和课外体育活动中，按照明确的计划，尽可能地让学生自己去做，充分发挥每个人的积极性，协调地进行工作，以此来培养他们的组织管理能力，如尽可能让学生承担校办运动会的各项工作事务。

（四）保健能力的培养

学生自我保健能力的培养，是体育教学中的一项任务，也是增强体质的需要，同时，也反映一个国家和民族文化教养的程度和社会的良好风尚。每个人都应该有讲究卫生自我保健的行为和习惯，为此，教学中要使学生自己能运用所学的课程知识，掌握和控制运动量，运动负荷，防止在教学中产生伤害事故，同时，还必须培养和提高学生在做练习时的自我保护的能力。

三、新形势下对学校体育教育的几点建议

未来体育的发展，对学校体育提出了挑战。未来学校体育如何适应社会、适应体育的发展？多数业内人士认为，未来学校体育的整体战略思想是：面向社会，以身心和谐为前提，终身体育为方向，快乐体育为主体，进行健康教育，达到人的全面发展的目的。

（一）培养未来社会意识。通过学校体育培养学生的平等参与意识，公平竞争意识，创新应变意识。培养竞争能力与拼搏精神及应变能力与创造能力。

（二）系统学习体育知识，精修一、二项终生项目。大学教育强调系统学习体育知识，任意普修各项运动，精修一、二项项目，初步掌握"怎样进行健康（体力、心理）诊断；怎样制定运动处方；怎样实施身体锻炼"的基本技能。组织学生体育小团体，培养共同兴趣。

（三）加强科研工作，把身心问题研究，体育与心脑功能的研究，未来技术手段与体育教学的研究，作为学校体育科研尤其是体育心理学、运动生理学体育教育学研究的重要方向。

（四）顺应未来高等教育的潮流，强化体育系学生的通识教育，提高学生整体素质尤其是文化素质，培养信息意识，即培养应用信息技术的能力，掌握信息科学方法及信息科学思想观念，提高运动学习指导的能力。

（五）充利用现代技术、手段、加强在职教师尤其是体育教师的继续教育和学习。

总之，未来社会的科技手段发展，深刻地影响着人们的生活，亦将对体育产生相当深远的影响，学校体育更是首当其冲。

第二节　新时期大学体育发展的重要性

体育，自古以来是大学里面的一门必修课，这一点，自学堂建立以来就有了证明。最具有代表性的就数孔子学院了吧，孔子赞美了跑步时候的健美身姿和跑步给身体带来的各种好处，证明了体育对人体健康发展的重要性。

夸父逐日这个《山海经》中的神话虽然是人类征服自然的一种幻想，但人类长跑能力在征服自然过程中的作用，却给人类的想象提供了基础，也借这个神话反映了上古人类对长跑英雄的纪念。到了周朝时，出现了"跟随马车跑步的步兵"，西周青铜铭文《令鼎》中记载了一件步兵跟随马车跑步的事情。因为西周的战车——"驷"，是四马一车，但是在战场上除了有驷在前面冲锋，扫清障碍，但是后面也要跟着72名步卒才能扩大战果，这种配合非常重要，因而要求步卒必须要具有长跑能力。当年周成王就是用赏奴隶十名来激励手下的步兵坚持长跑。

然而，现在的大学貌似对体育不是特别重视，或者说对体育的重视性不够，从而在大学里出现了大学生体质明显降低，男女生要么体质薄弱，要么体态臃肿，大腹便便，对于当今时代的青少年来说，不仅仅对其心理上产生很大的心理作用，从而导致缺乏自信，更加严重的是会影响到他们以后的发展以及祖国的向前进步。我国伟大的革命家梁启超说过："少年智则国志，少年富则国富，少年强则国强，少年独立则国独立，少年自由则国自由，少年进步则国进步，少年胜于欧洲则国胜于欧洲，少年雄与地球则国雄与地球"告诉了我们，当今青少年对于祖国发展的重要性，同时也给了我们一个深刻的反省：体质不强，如何才能强祖国？

学校如果轻视了对大学生体育方面的教育工作，我想势必会造成大学生身体素质普遍下降，严重影响大学生对生活的活力与激情，身体的强健是我们追求梦想的重要保证，大学不仅仅局限于学好各个专业的理论知识，没有了身体，就好像大树没有了根，高楼大厦没有了根基，大树会枯萎，大楼会坍塌，我们也一样不能更好地发展自己。因此，我觉得要想搞好教育，必须重视体育。如果说文化是一个民族的灵魂，那么体育便是一个国家的体魄，没有了健康的体魄，拿什么去和别人拼搏。

毛主席曾经说过："文明其精神，野蛮其体魄。不仅仅强调了体育的重要性。更是在呼吁我们广大青少年要重视体育，重视自己的身体，身体是革命的本钱，没有好的身体，怎么会有后来革命的胜利？怎么会有新中国的成立？"当年毛主席就读湖南一师的时候，就曾经向校长提出过大学体育的重要性，各个校领导一致同意毛泽东同学的提议，再到后来，体育在大学里蓬勃发展，推进了一个新的浪潮。

据调查，当代大学生普遍认为运动应该置于学习之后，甚至置于兼职之后，认为休闲运动是不务正业。调查中绝大多数学生认为休闲的首个阻碍因素是金钱，学校组织的社团活动主要是各学生会团组织开办的，经费缺乏，学生想要加入该团的运动项目就必须付费，这在极大程度上挫伤了他们的积极性，所以有绝大部分大学生认为休闲运动是有钱人才能做的。还有就是时间因素，很大一部分人声称自己生活琐事太多没时间去休闲运动，但其实反映的是学生不知道自己的课余时间是应该用来学习还是休闲的矛盾心理，更是对休闲运动价值的怀疑——总认为没有必要花学习的时间去休闲运动，所以轻视了体育的重要性。

强将手下无弱兵（出处：宋·苏轼《题连公壁》），强调了严格训练，重视体育的重要性，体育是一个人灵魂的守护者，对塑造一个健康的人格发挥了重要的作用，因此，学校加强体育的建设，是对学生良好健康的发展的一种认真负责的行为，大学尽量提供丰富的社会实践基地，充足的自习室、运动场，有优质服务的图书馆、机房，开放的科学馆等，营造大学浓厚的学术、艺术氛围和高雅的休闲环境，完善休闲教育的硬件基础，特别要加强校内体育场馆设施的建设，相关主管部门能够尽量将学生的需求列入考虑，适当增建健身场馆和足篮球场地，保证大多数学生体育正常进行。

第三节　大学体育教学发展新思路

我国大学体育课程改革可在广泛吸取国际课程改革经验的基础上，进行基于核心素养的大学体育课程改革探索，以拉近与国家课程改革与发展的距离，使大学体育课程改革和人才培养主动与国际接轨，提升我国人才的国际竞争力。

一、核心素养的内涵

核心素养溯源于20世纪80年代，发展至今，在美、英、欧盟等国家的核心素养与课程体系呈多元融合模式，应有效地将核心素养融入人才培养的课程之中，以增强本国人才的国际竞争力。核心素养是关于学生知识、技能、情感态度和价值观等多方面能力的要求，是个体适应未来社会、促进终身学习、实现全面发展的基本保障；核心素养强调的不是知识和技能，而是获取知识的能力，是学生应具备的适应终身发展和社会发展的必备品格和关键能力；核心素养是根据人的全面发展，注重"提升学生能力水平，促进学生全面发展，适应社会需要"的教育，解决培养什么人的问题。核心素养更适应当前社会对人才的全面发展和综合能力的要求。核心素养融入课程体系，需要明晰核心素养与学科能力之间的对应关系，因为其对于教材编写、指导教师课程实施和学生能力培育具有明确的导向作用。

核心素养融入课程体系主要包括具体的教学目标、教学内容标准、教学建议、教学资源、学业质量标准等内容。在构建基于核心素养的课程体系时，需要清楚几个关系：具体的教学目标与学业质量标准是学生核心素养的具体体现；教学内容标准与教学建议促进学生核心素养的形成；学业质量标准是教学结果导向的标准；教学内容标准是教学过程导向的标准。教学过程标准促进学生核心素养的形成，教学结果标准体现核心素养的具体要求。综上所释，核心素养即培养和逐步形成学生适应社会发展和个人终身发展必备的品格和关键能力，它既包含学生的自主发展方面，又包括学生社会参与和文化修养方面的铸造。

二、当前大学体育课程改革现状

当前大学体育多处于以"技能＋体质"为中心的发展状态中，以体育学科知识为核心的课程标准，按照体育学科的教学规律进行教学工作，解决的是"教什么"的问题，与当前国际、国家发展需要"培养需要的人"的目标有一定的偏差。以人的全面发展、促进人的全面发展、适应社会需要为目标的核心素养解决的是"培养什么样的人"的问题，正好契合了当前的发展需要。大学体育发展中遇到了一些问题，有自身的也有外部的。自身的主要是供给的有限与大学生需要的多样化之间的矛盾。外部的主要是社会需要和期望大学体育培育出人才所需的能力和素养与现实的偏差。这些问题的根本原因是当前大学体育课程以学科知识传授为中心，与社会寄予的适应社会需要的全面发展的人之间的差距。

三、核心素养给予大学体育课程改革的启示

（一）课程改革取向与社会生活价值有效统一

正确的社会生活价值观是乐观积极融入社会、推动社会发展的前提条件。大学体育课程的教育目的是健身育人。大学体育在人的智力发展、身体塑造和健全人格方面均有效果，是一种综合效应的表现。因此，大学体育课程改革的取向是

促进学生终身学习，培养全面发展的人才。大学所培养的人才，最终是要走向社会、融入社会生活，并要发挥推进社会发展的作用，因此，培养能适应社会生活和社会发展需要的人才是大学所肩负的责任和使命，大学体育自然责无旁贷。应将社会生活价值观融入大学体育学科核心素养教育之中，使大学体育课程改革的取向与社会生活价值观相统一，发挥大学体育课程在学生核心素养筑就中的角色担当。

（二）凸出个体需要与社会需要的有效融合

个体终身发展与社会发展需要是培养学生核心素养的终极目标，两者是一脉相承的，没有截然的界点。我国党的教育方针是培养社会主义建设的接班人，在宏观层面提出了人才培养的方向性要求。学生终身发展所需的品格和必备能力，实则是在社会发展这个大环境中得以实现。通过教育，逐渐形成学生的核心素养，是一个动态发展的过程。体育课是学生自幼儿园至大学学习过程中陪伴学生成长时间跨度最长和课程变化趋于稳定的一门课程，致力于健身育人，满足个体在成长中的体育需要。体育课程是一门社会化和国际化的课程，从其项目的规则、内容和组织形式来看，与个体终身发展和社会需要的核心素养是内在一致的。因此，在大学体育课程中，要更加关切凸出学生个体终身发展需要和社会发展需要的有效融合。

（三）核心素养与学科核心素养的有效衔接

核心素养指向的是学生适应社会发展和个人终身发展所需的品格和必备能力，是抽象而又客观存在的。学科核心素养是核心素养的具体化，服务于核心素养的实现，核心素养是学科素养的目标指向。大学体育课对学生健全人格、意志品质和社会适应方面有着特别的含义，是学生在大学体育学习过程中形成的基本知识、能力、态度和情感、价值观、方法等的综合表现，包括运动能力、健康行为和体育品质等方面的内容。因此，有效地将体育学科核心素养与核心素养进行科学衔接，是有效筑就学生核心素养的关键环节。

四、基于核心素养的大学体育课程改革思路

（一）以社会主义核心价值观为指导思想和价值取向

大学体育在塑造学生家国情怀和大学文化传承上有着天然的联系，应以社会主义核心价值观为指导思想和价值取向，来精心研制大学体育学科核心素养体系。个体的发展与国家和社会有着密切的联系，以社会主义核心价值观为指导思想和价值取向培育的体育学科核心素养，反映了国家和社会公认的价值观，不仅对个体的全面发展有较大帮助，还与国家和社会对个体的价值期望相一致。因此，以社会主义核心价值观为指导思想和价值取向，是中国特色社会主义建设的需要，也是落实党和国家的教育方针，同时也与当前国际社会人才培养接轨及与国际社会人才发展趋势相吻合。

（二）探究学生核心素养体系的建构

基于大学时期的不同教育阶段，探索学生核心素养体系的建构或框架，在语义学意义上界定学生大学时期的核心素养指标体系总框架，并将其明晰化、细化和具体化，以更好地指导课程的编制。学生核心素养指标体系是在大学体育教育中支持和践行核心素养理念的前提。应在认真分析当前及未来一段时期内的国家与社会需求的基础上，透析国家和社会发展对人能力和素质的基本要求，以学生个人终身发展和适应社会发展需要为指向，结合大学体育对人能力和素质培养的特征，紧密与国家和社会发展对人才的要求相衔接，构建学生核心素养体系框架。有此基础之后，可为大学体育课程体系的建立、学业质量标准的建立、教育质量评价等提供参照依据，同时，也为它们之间的整体性和统一性的有效融合提供壁垒。

（三）构建基于核心素养的大学体育课程体系

核心素养不应该是被悬之于空的抽象和理论性框架，而是一个根据学生的成长细化为不同教育阶段的培养目标。培养目标的落实，关键在于课程，建立基于核心素养的课程标准体系是核心素养具体化的有力体现。构建大学体育课程标准体系，要突出课程的整体性，关注学科之间、专业之间的互补与融合，凸显课程的整体性，进而培育整体性的素养。以大学体育课程为载体，以能力和素质培养为目标，以学科知识为素材，注重的是能力和素质的培养，构建基于核心素养的大学体育课程体系，应包括具体化的教学目标、内容标准、教学建议和质量标准四个部分。在大学体育课程体系构建过程中要注意避免出现两个标准，即学科核心素养标准和学业质量标准，如这两个标准同时并驾齐驱，势必会给未来的教学和考核造成不必要的震荡，因此需要将其统一。

（四）建立学业质量评价体系

美、英、欧盟等国家核心素养课程体系中均有各自的系统的学业质量评价标准，他们的实践表明，学生学业质量评价体系的建立，其意义非凡。大学体育课程标准是大学体育课程体系的统领性文件，基于大学体育课程标准建立的学生学业质量评价标准体系，将更加贴合教学目标和教学实际。以大学体育课程标准为目标诊断的内容，进行学业质量评价，是对学生核心素养培育的检验和总结，不同年级学段的学生学业质量评价标准是不一样的，呈递进的层次关系；同时，也能为今后教材的建设、教师教学操作、进行过程性诊断和学生学业评估提供有力依据，可作为教师在教学中进行自我评估的依据，也是对"应试教育"评价的一种超越。

（五）加强教师在职继续教育，提升教师素质

大学体育课程的改革，是依靠大学体育教师的教学改革来助其推进；大学体

育课程的教育，依靠大学体育教师的教学来助其实现；学生核心素养的培育，依靠大学体育教师教学创新来逐渐实现，因此，大学体育教师的素质，直接对大学体育课程改革成果的实施产生影响。大学体育教师的在职继续教育，应根据学生核心素养体系的培养要求，重构大学体育教师培训的目标、课程和模式等，如此方能与学生核心素养的培育保持一致性。

第四节　大学体育创新发展策略

　　教育的本质就是全面提升人的综合素质，体育作为大学的重点学科，其所具备的学科优势是其他学科教育所无法比拟的。为此，在高等教育教育改革深入推进的大环境背景下，高校体育教育应明确创新发展方向，加大对教育模式创新的研究力度，不断创新思路和方法，紧握时代脉搏，以全面提升体育教育质量，为学生的可持续发展护航。

一、大学体育教育创新发展的必要性

　　发展学生的综合素质是学校教育教学活动的终极目标，这目标的实现有赖于学生对学校教学活动的配合。学生只有积极参与到学校各项教学活动中，才能在教师的指导下、自身的努力上提高综合素质。对于大学体育教育来说，教学活动并不是简单的师生互动问答，而是围绕学生的思维模式、身体素质的发展而开展的一系列体育活动，其不仅能够很好地提高学生的主体能动性，还能够让学生在参与的过程中获得身心健康发展，为其日后的终身体育意识产生潜移默化的影响。可见，实现体育教育创新发展，在体育渗透教育的过程中充分体现"以学生为本""人性化"的实质，从而深入学生心理深层，以有效提升学生参与体育运用的积极性，是大学体育教学过程中的必然要求。

二、新课标视野下大学体育教育创新发展策略

（一）革新教育理念，构建大学体育教学的新结构

体育教育的创新发展离不开各教育人员现代教育意识的提高。传统的体育教育模式过于强调教学任务的完成，学生只能被动地接受教育，这种教育模式束缚性太强，对学生而言有太多的约束，不利于创造性地进行学习。新形势下，大学应脱离传统体育教育理念的禁锢，树立一种全新的、符合教育改革发展态势的良性理念，并用新的理念贯彻到教学活动的各个环节，对体育教学中所有关联的要素进行深入分析和研究，以实现教学目标的最优化，力求在教师、学生以及教学活动、教学内容、教学方法之间达成最佳结构。一方面，大学在新建体育教学结构时，要进行体育教学目标的定位，组织新颖的教学内容。此外，学校还需要把自身的办学特色以及教学宗旨融入进去，在实施体育教育活动时充分考虑本校的教学设备、教学环境和学生特点等，使教学内容能够充分体现本校特色。

（二）更新教学模式，创新课程设置体系

对于地方大学的体育教学来说，是难以像北京体育大学、上海体育学院等著名专业体育高校一样，采取师生"1对1"课堂教学模式的。其主要原因是因为地方高校的体育师资配备与专业体育院校尚存在一定的差距。为此，大学应针对自身办学特色以及体育师资配备建设情况，立足学生的年龄特征和性格特点，有选择地对现有的教学模式和教学方法"取其精华，去其糟粕"，尽最大可能提高学生的运动意识，增强学生体魄。此外，大学的体育教学还应根据不同院系、不同专业发展方向学生的职业特点，对体育课程进行调整，适当地减少一些必修类体育课程，增设符合学生兴趣发展的选修课程，以激发学生对体育的兴趣，扩展他们的体育知识面。

（三）完善评价体制，采取多样化评价方式

积极的评价，对于增强学生的体育运动主动参与意识，保护学生的参与积极性尤为重要。一直以来，我国大学都在沿用单一发展的体育评价模式，在对学生进行体育考核时，把重点放在结果和成绩上，而忽略了学生在体育活动中情感态度、参与积极性等表现，这种单一的评价模式虽然能够对学生的体育参与度进行系统总结，但是对发展学生的体育能力帮助作用并不明显。为了凸显评价的激励功效，帮助大学生体验体育的魅力，各体育教师应把评价作为手段，转变传统的评价方式，实行"全员锻炼"的教学理念，切实将学生的身体健康与体育教学结合起来，以此促进教学和学生的发展。譬如说：学校可以实现结果评价与过程评价、他人评价与自己评价、定性评价与定量评价、过程性评价与终结性评价相结合的方式，对学生实现多层面、多维度评价，使评价结果更加客观、科学和合理，更能真实反映学生的学习情况。

第五节　新课改背景下大学体育教学的转变

在目前阶段，新课改为现在的教学过程提出了众多要求与标准。根据这些标准，许多教学思想、教学理念都不断发生着巨大的改变。然而，在我们现实的体育教学中仍存在一些问题与不足，尤其是受传统教学理念与模式的制约，许多新的思想难以在实际的教学中得以开展，导致体育教学长期处在尴尬的地位。如何在新课改这一大背景下转变高校体育教学理念与思路，如何利用新的标准来更好地指导实际的高校体育教学，已经成为目前我们高校体育教学最为迫切的要求之一。本文主要分析了新课改下高校体育教学的教学理念、课程设置，教学方式以及评价标准等方面的新的转变，旨在为进一步的体育教学做更好的准备。

随着新课改的不断推进，许多新的教学理念也在不断地深入人心。例如，素质教育这一新的理念就不断地被人们呼吁从而得以深入实际的教学活动中。然而，虽有这一理念的指导，但我国高校体育教学过程中许多教学环节仍存在一定的问题。大多数体现在课程设置，教学方式、教学评价等方面的不合理。因此，我们通过新课改的一些标准来研究高校体育教学的这些实际教学环节的转变，切实地解决教学活动中存在的问题，为以后的教学发展提供可行的方法。

一、教学理念以及课程设置中的转变

（一）教学理念中的不足。

高校体育教学本身就与其他学科教学具有一定的差别，其教学目标在很大程度上是追求一种积极向上、阳光健康的生活。在实际的教学过程中其教学目标也是为了鼓励学生多参与体育活动，激发学生的热情，使得学生在今后的学习、工作、生活中都能够树立一种积极健康的态度。因此，目前的高校体育教学对非体育专业的学生而言并不要求学生能够掌握扎实专业知识以及理论，更多的是通过体育教学这一活动来引导学生，让学生通过实际的体育活动来形成自身的一种热爱体育活动的习惯与热情。但是，在新课改不断提倡素质教育的情况下，高校体育教学的理念发生了一些改变，过于追求对理论知识的研究，开展的理论课程也较多，使得高校体育教学似乎与其他学科教学理念趋同，严重影响实际的体育教学效果。

（二）教学理念中的转变。

针对目前高校体育教学理念中存在的不足，切实地寻找新的思路与方法解决问题已经成为最为重要的任务之一。新课改下高校体育教学也不断地在实际的教学活动中产生了一些新的思路。根据素质教育的要求以及高校体育教育自身的特殊性，在实际的教学反思中高校体育教学越来越追求教学的实践性与规范性。针对非专业学生，高校体育教学优化了课程设置，改变了以往过于追求理论知识的研究，转而追求学生积极性，参与性的培养。例如，目前的高校体育教学中会注重通过实际的体育活动来使得学生掌握一些技能，引导学生的体育运动逐渐专业化、规范化。这一教学理念中的新思路能够更好地指导实际的高校体育教学，符合新课改的标准以及要求。

（三）课程设置的优化。

高校体育教学在以往的课程设置上会过于追求理论知识的研究，许多课程都会是在实际的课堂上教学中完成的，所教授的形式也过于偏重书本知识以及专业知识的讲解，缺乏实际运动技能的锻炼。因此，在新课改背景下，在素质教育理念的指导下，高校体育教学优化了课程设置，开展了许多实际的户外教学，能够把一些体育运动技能通过活动锻炼的形式讲授给学生，避免了学生过于偏重理论知识的这一弊端。另外，在课程设置中也会有许多比赛课程，这些课程能够很好地激励学生的参与性及积极性。

二、教学方式以及评价标准的转变

（一）教学方式的转变。

丰富且多元的教学方式能够在很大程度上提高实际的教学效果。高校体育教学在长期的教学活动中也不断地转变优化教学方式，结合体育教学自身的特点以及学生的喜好来采用切实可行的教学方式。例如，在目前许多高校体育教学中引入多媒体教学丰富了实际的户外教学，能够把实际的体育运动动作具体的分解、细化，使得学生能够形象具体的掌握动作，再结合实际的操场教学，这样就会大大地提高体育教学效果。除此之外，学生也能够利用多媒体教学这一优势进行反复的学习、练习，更好地掌握运动技能。

（二）评价标准的优化。

高校体育教学是为了促进学生的身心健康，培养学生健康的体质，养成良好的积极的生活工作态度。因此，高校体育教学的评价标准也不会是单一的。在实际的高校体育教学评价中，多样化的评价标准已经受到了高度重视，引入完备的评价方式与标准能够弥补以往单一的考试的不足。最为常见的评价标准即为体质监测，通过定期检测学生的身高体重，肺活量，跳远跳高等，再结合以往学生的身体基本素质能够全面的实际地对学生的身体健康状况以及发展变化状况做出综合的评价，学生也可以根据每次的评价结果来给自身制定一套完整可行的发展计划。这样的评价标准能够很好地指导高校体育教学的发展。

三、结语

新课改下，高校体育教学在素质教育这一理念的指导中涌现了许多新的思想，无论是在教学理念、课程设置方面，还是在教学方式以及评价标准方面都有新的发展思路。这些新思路能够很好地指导实际的高校体育教学，提高教学效果。

第二章　面向未来的大学体育教学模式

经济和社会的发展促进了人们体育意识的增强，认识到在社会发展的过程中必须加强体育锻炼才能保持健康的身体，才能为社会发展贡献自己的力量；但是传统的大学体育教学模式强调体育教师的主导地位，学生是教师主导下的学习的工具，压制了学生体育学习的兴趣，不利于学生终身体育意识的养成，新的教学模式的实行是社会发展的必然选择。

随着社会的不断发展变化，体育教学模式也要经过实践不断完善，因此，新型体育教学模式的建立是培养体育创新人才的需要，也是体育教学改革的需要。面对体育科学的发展，我们必须改革传统教学模式，探索新型教学模式。

第一节　大学体育教学理念的改革

近年来，体育专业毕业生就业方向呈现出多元化的趋势，传统的体育教学理念已经无法适应目前社会的用人需求，教学改革势在必行。本文分析了目前高校体育专业就业现状以及体育教育专业本科毕业生就业择业时的主要影响因素，探讨了高校体育专业教学中存在的主要问题。并针对目前面临的问题提出了高校体育专业教学改革策略。

一、目前高校体育专业就业现状

据调查数据显示，高校体育专业本科毕业生考研人数少，大部分选择了直接就业。就业行业灵活，从就业企业来看，大部分体育专业毕业生进入了私营企业，小部分学生进入了事业单位或者学校。根据数据显示，部分体育专业本科毕业生就业意愿上倾向于高校、初高中以及小学教师。由于受到父母传统观念的影响，学生更在就业时更愿意选择稳定性比较高的工作，在调查中50%－75%的学生再就业时更愿意选择有编制的企业单位，例如进入事业编制单位或者考公务员等。但是，目前由于企业以及院校内部的职位调整，导致了企业需求人数下降，例如，在数据调查中，2018年年度体育专业毕业生在中小学体育教师就业领域的人数比例由2017年的33%下降至2018年的28%。由于近年来体育专业学生的数量不断增多，但是各个初高中小学体育教师的职位却越来越少，这也就意味着，高校体育专业学生在企事业单位就业形势更加严峻。相对于企事业院校教师而言，选择体育健身教练职位的学生不断增多，调查数据显示，相对于2017增长了10%。主要是由于健身行业本身的任职要求符合体育专业，并且目前社会上对于此类人才需求量大。近年来，随着我国经济的跨越性发展，人们更加注重身体健康，对切对此具备了经济能力，愿意在健身中投入资金，促进了健身以及体育休闲等行业的发展。所以，对于此方面的人才需求量也在增多。由于体育专业更加注重对学生体育相关知识技能的培养，学生普遍文化课水平较低。在考研中的英语以及政治课程的学习中较为吃力，导致了学生选择考研的较少，小部分在准备了一段时间后放弃考研。

二、体育教育专业本科毕业生就业择业时的主要影响因素

近年来，随着社会经济的发展，高校体育专业毕业生的就业范围更加广泛，程多元化发展趋势。学生在考虑就业问题时，通常会从以下几个方面出发：薪资、发展空间、职业发展、以及工作地、工作环境、个人意愿、薪酬体育教育专业本科毕业生就业择业时的主要影响因素，由于薪酬直接影响了学生的生活水平，所以也是学生最关心的问题。其次，是个人的发展空间，除了能够保障衣食住行的薪酬因素外，学生对于发展空间的考虑最多，学生普遍重视在以后的发展前景。学生在就业中，都希望能够随着自身能力的提高，在职位上也有一定的上升空间，从而提高自己的薪酬以及社会地位。第三，职业发展，在学生就业初期，需要考虑到以后的职业发展方向，即在一定的时间以后需要达到一个什么职业发展结果。第四、专业匹配，体育教育专业大部分本科毕业生就业择业时希望能够从事与本专业相关的工作，这样能够在工作中更好的发挥已掌握的知识技能。但是，目前社会上能够提供的与体育专业匹配的工作岗位比较少，对于应届生来说机会难得并且竞争比较大。第五，工作所在地。由于一二线的大城市能够为体育专业本科毕业生提供的就业机会数量多，形式多样。所以在就业选择是，一本分学生会选择大城市就业，从而获得更多的就业机会以及更广阔的发展空间。在体育事业蓬勃发展的今天，人们对于体育的重视程度越来越高，体育行业的发展越来越好。所以，对于体育人才的需求量也在不断地增多。体育行业的发展虽然为体育专业毕业生增加了工作机会，但同时也对毕业生的知识技能专业水平提出了更高的要求。

三、高校体育专业教学中存在的主要问题

（一）教学中受传统观念影响大

近年来，随着教学改革的不断深入，对于学生综合培养的理念已经逐步替代了传统的应试教育。但是，收到长时间传统教育观念的影响，教师在教学过程中，重视出成绩的科目，轻视实践课程，体育专业也不例外。

（二）高校体育专业教学目标不明确

近年来，随着教育改革的深化，对于高校体育专业的教学目标有了新的定义，注重学生的综合能力培养。所以，高校在教学中，应深刻理解教学目标，在

授课过程中，结合不同学年学生的情况，教学目标应有差异性，不能够千篇一律。明确的教学目标有利于教师设计教学方案、采取合适的教学手段。目前，部分高校体育专业的教学目标不明确，导致了专业教师以提高学生成绩为主要目标，从而忽略了实践学习的重要新。在教学设计时，没有突出重点，忽略了学生的职业技能培养，从而导致了学生的就业率低。

（三）教学方式缺乏创新

在目前的高校体育专业教学中，主要采用了传统的授课方式。随着我国社会经济的跨越性发展，社会现状已经发生了巨大的变化，学生的学习需求也在发生改变。传统的教学方式受到应试教育的影响，课程中主要以讲授式为主。在课程实践中，通常以教师为中心，进行体育动作的示范以及理论知识的讲解，学生处于被动的地位。课程枯燥乏味，学生学习兴趣不高，导致了教学任务完成情况差。在教学活动中学生是课程的主体，但是目前由于教学方式缺乏创新，导致了学生处于被动地位，难以在课程中发挥自己的主观能动性去积极思考与解决问题。长久以往，学生在学习过程中会产生排斥的心里，导致学习成绩下滑。在这种情况下培养出来的学生，在就业中很难具备竞争力。

（四）教学内容不符合就业需求

高校体育专业的教学目标不仅仅限于提高学生的知识能力水平以及心里身体素质，同时也要培养学生的职业能力，为学生的就业打下基础。但是，目前高校体育专业的教学中，主要教学内容还是体育技能以及知识技能的传授。在教学中，缺少对学生从院校到就业的课程衔接。其次，高校体育专业教学内容不符合社会对于体育专业人才的需求。近年来，随着社会的变化，高校体育专业毕业生的就业走向与之前有着较大的不同，但是高校体育专业教学内容并没有随着改变，导致了高校培养的人才不被社会所接纳。

四、高校职业能力导向体育教学改革对策

（一）打造新型的体育教学模式

在素质教育的要求下，高校应积极需求新型的教学模式，既能够完成教学任务同时具有院校特色。在教学改革中，打破以往高校体育专业教学的观念束缚，在职业能力导向下完成体育教学模式的改革。高校应注重高校体育教师的队伍建设，引起教师对于体育教学模式创新的重视。将提升学生自身的知识能力同时培养学生的就业能力。教师在备课过程中，需要将体育教学和社会事业标准进行整合，在教学实践中具有针对行的培养学生的职业能力，为高校体育专业毕业生就业打下基础。打造新型的体育教学模式，在课程方案中，注重社会实际岗位需求的分析，依据需求去做学生的综合培养。

（二）提升我国高校体育专业的整体目标

在重视知识技能教学目标的同时，应提升对培养职业能力目标的重视。研究分析体育专业毕业生的就业现状，分析体育专业的优劣势，以及结合学生的情况来指定教学目标。

（三）创新体育教学手段

传统的教学手段具有诸多弊端，课程结构主要为课前活动和动作培训以及自由活动。课程内容比较枯燥无味。在教师的教学过程中，应不断地创新体育教学手段。在课程中，以职业能力作为重要的导向，营造良好的课程氛围。例如，教师在授课过程中可以采用情景模拟的教学方法，营造一个环境，让学生处于某个职位，思考在这个职位上应具备什么样的能力。从而提高学生的主观能动性。学生也会在生活中举一反三，积极思考，为日后的就业做好充分的准备。

五、结束语

高校将职业能力培养纳入教学目标，有利于学生更好的就业。符合新时期社

会对于体育专业人才的需求。但是体育专业教师，在传统教学观念的影响下，自身的创新能力比较差，加上对于新时期教学观念理解的偏差等问题，导致了体育教学改革进展缓慢。因此，体育教师应不断地提高自身能力，转变观念，培养更多符合社会需求的体育人才。

第二节 大学生体育素养的培养

当今社会发展速度越来越快，竞争越来越激烈，对当代大学生的素质要求也越来越高，要有较强的适应能力、创新能力、竞争意识，而大学生的体育素质培养包括身体素质、体育心理素质、体育文化素质三个部分，可促进大学生身体健康、心理健康的综合发展，促进学生综合素质的培养。

一、培养大学生体育素质的意义

培养大学生体育素质是大学素质教育中重要的组成部分，大学生的体育素质培养包括身体素质、体育心理素质、体育文化素质。身体素质是人的生理机能的外在表现形式，是学生其他素质发展的载体。大学生体育心理素质是指体育运动中敏捷的思维能力、敏锐的洞察力、良好的自控能力、坚强的意志、稳定的情感等，体育心理素质的培养有助于提高学生的整体心理素质，克服心理障碍，建立健全的性格和心理品质。大学生体育文化素质包括体育道德意识、体育道德行为、体育知识、体育意识等，培养大学生体育文化素质可提高大学生的道德素养、增加自信、树立终身体育意识。总之，大学生体育素质的培养有助于大学生形成正确的世界观、人生观和价值观，使大学生能更好地适应社会，促进个人、社会的发展。

二、大学生体育素质的培养□

大学生体育素质的培养主要通过体育课教学和课外活动、课余体育训练等几个方面进行，而体育课教学是学生获取体育知识和体育技能的主要来源。下面详细讲述大学体育课教育的特点和内容。

（一）大学生的发展水平和体育课特点决定大学课堂教学应坚持以下特点

1. 授人以渔。

古语说"授人以鱼，不如授之以渔"，体育课堂教育也是如此。学校体育教学课时有限，教师不可能将所有的体育知识和技巧都传授给学生，所以，体育课堂教学更重要的是要使学生掌握能够长期使用的基础理论知识和基本体育锻炼方法，使学生树立终身体育意识，自觉进行体育锻炼，提高体育素质。

2. 科学性。

科学性是教育教学活动中必须坚持的原则。大学体育课应综合考虑大学生的年龄特点、心理特征、身体素质情况、运动能力和运动技巧，设计好课堂教学模式和教学内容，满足大学生的身体和心理需求。另外教师在教学中还应注意每个学生的性格和身体特质，在教学中引导学生发挥自己的特长，展现自己的个性。

3. 多样性。

大学生体育课应以学生为中心，教师必须要想方设法精心地去设计、组织与管理体育课教学，不断地培养学生的参与意识，调动学生练习的积极性、主动性与自觉性，实现"教"与"学"双方密切配合。在体育课教学中可开展多样性教学模式，例如举办体育知识讲座、体育知识竞赛、开展体育竞赛等，使教学实用性、娱乐性、文化性相互结合。

4. 教师教导。

无论是什么专业什么科目的教学，教师都起着举足轻重的作用，体育教师需要具有精深的专业知识、广博的文化知识、良好的语言表达能力、丰富的教学技巧，熟练掌握体育技能和体育技术，引导学生自觉自愿学习体育知识和体育技能，使学生通过教师的教学学 到有用的知识，满足求知欲和好奇心。

5.完善教学设施。

设施和器材的完备是顺利进行体育课教学的基础。大学生体育项目丰富多彩，涉及篮球、排球、网球、足球、跑步、跳远等多项活动。如果学校器材设施不完备，教师则不能进行良好的课堂教学，会使学生失去对体育课的兴趣，大学生体育素质的培养也就很难进行。

（二）大学生的体育素质培养包括身体素质、体育心理素质、体育文化素质，身体素质是基础，体育心理素质是关键，体育文化素质是灵魂，三者相互作用、相互补充、相互促进，缺一不可。

1.身体素质方面。

注意发展大学生的身体素质，增强体能，并学会体育保健，教师引导学生根据自身的身体情况，选择适合自身的锻炼项目，掌握基本的锻炼方法，避免过度、过量、盲目运动，养成良好的体育卫生习惯和自觉、持久的锻炼身体的习惯，并能根据自身身体素质 的变化不断改变锻炼计划，提高身体健康素质。

2.体育心理素质方面。

通过各种各样的体育活动，增强学生对自然环境和社会环境的适应能力，如对天气气候变化的忍耐力，对疾病的抵抗力，对社会快速发展的适应能力，对社会不 良因素的抗压能力等，培养学生积极向上不服输的精神，自强自信，锻炼思维能力和洞察力，提高抗压能力和自我心理调节能力，使学生学会主动融入所处的社会环境，增强竞争意识，适应竞争激烈、生活方式和工作方式都高度紧张的社会现状。

3. 体育文化素质。

体育文化素质是身体表现形式和内在意识形态的融合，培养正确的体育文化素质，使大学生在体育运动中能公平竞争、尊重对手、遵守比赛规则，培养与提高主动参 与意识、公平竞争与顽强拼搏意识、健身意识、终身体育意识和体育法规意识，培养大学生健康的体魄、健康心理、健康的生活方式。课外活动和课余体育锻炼也是培养体育素质的途径，课外活动和课余体育锻炼相对于体育课来讲，学生有较大的自由性，可按照自己的爱好和特长进行体育锻炼，有利于学生激发学习的兴趣、在运动中培养学生的组织能力和人际交往能力。大学生积极开展课外活动和课余体育锻炼，对于养成持久的锻炼身体的习惯有重要的作用，有助于树立终身体育意识，对于大学生体育素质的培养也有重要作用。

大学生体育素质的培养，不仅关系到大学生个人，也关系整个社会的发展和进步，培养大学生优秀的体育素质，是当今大学生素质教育中不可缺少的部分。

第三节　大学生体育运动能力的提高

心理学研究表明，能力是掌握知识、 技术与技能的必要前提，而且是影响一个人活动效果的基本因素。大学生体育能力水平，集中反映了大学体育的质量。在高校体育教学中，突破单位纯运动技术教学，加强培养体育能力，适应现代社会进步的需要，迫切要求提高每个大学生的素质，这些素质包括每个人对自己的身体能够自行培育，锻炼和养护的能力。如何培养大学生的体育能力，这是在理论和实践教学中，逐步形成和提高的。从事的体育活动越多样，掌握的知识越丰富，体育能力发展就越全面；体育技能的训练越复杂，体育能力就越能提高。

一、体育运动能力的内涵

体育运动能力是指人在顺利完成某一活动时所表现的身心统一，协调配合的才能，是一种特殊能力，它是由知识、技术、技能和智力构成的一种个性身心品质的综合体。这一综合体，在体育运动中表现出来，就是能顺利地、成功地完成一系列的体育活动的实践。按能力的性质，可分为一般能力和特殊能力，一般能力是指人在日常活动中必须具备、广泛使用的一般智力。如观察能力、想象能力、思维能力、记忆能力、注意能力等等。特殊能力是相对于一般能力来讲的，它是指人在进行某项专业活动中所表现出来的能力，如美术设计、音乐、绘画及体育的运动能力等。

二、如何培养和提高大学生体育运动能力

（一）培养大学生体育锻炼兴趣

兴趣是个人对事物所持的选择态度，它是属于感情和情绪的状态，兴趣是产生注意的源泉，二者关系密切，互为因果。在体育教学中，体育的兴趣是影响学生学习自觉性和积极性的重要因素。以为每个学生对体育产生的兴趣与爱好不尽相同，有的学生好动那么他就对一些竞争激烈的项目产生兴趣，好静的学生就对一些竞争不激烈的项目感兴趣。所以体育教学应根据不同学生的自身需要而进行有计划有针对性的教学，这对促进学生体育兴趣的发展具有深远的意义。在体育教学中有兴趣与没有兴趣产生的结果是不同的，对于感兴趣的活动可以持久和集中注意，在学习是主动积极，即使遇到困难，也会努力地去克服，产生愉快的情绪。在没有兴趣时，会使学生的情趣低落，感到厌烦。教师在体育教学实践中要善于科学灵活的安排教材，采用多种教法和组织措施，把课上得生动活泼，充分发挥学生的学习积极性。使学生能够利用体育课这个平台，更好地进行体育锻炼，并养成自觉进行锻炼的习惯。

（二）培养大学生身体锻炼能力

随着中国政治和体育的社会化、终身化，经济的不断发展有越来越多的人自觉地经常地进行身体锻炼，这就给高校体育提出培养大学生具备能独立地进行体育锻炼能力的问题，使他们毕业走上社会后，能够更好地进行自我身体锻炼，并充当家庭和社会的指导者。为此，就必须在大学体育中加强对他们身体锻炼能力的培养，这不仅是对大学生本人的事，也是关系到增强中华民族体质和提高中华民族文化素养的大事。大学生身体锻炼能力，是指学生能运用所学的科学锻炼的理论和方法，结合环境和自身条件加以创新，培养成独立地进行体育锻炼的能力。这就要求在体育教育教学过程中，一方面，要培养学生明确体育锻炼的意义，学习有关体育知识和方法，能够结合环境和自身条件，制订锻炼计划和方法，能够结合环境和自身条件，制订锻炼计划和方案，坚持经常持久地锻炼。并养成良好的锻炼习惯。使学生能把所学到的体育知识、技术和方法，综合运用到体育锻炼实践中去，使自炼活动成为日常生活、学习中不可缺少的一部分；另一方面，使学生在身体锻炼的活动中，能够根据自己的身体条件，健康水平，掌握和合理安排运动负荷，运动强度及运动的时间、并能进行自我调节。指执行锻炼计划的自我控制能力，即在身体锻炼效果自我评价基础上不断修正并实施锻炼计划的能力。这里需要强调的是，在体育教学中，培养自觉锻炼能力是主要的，但是，不可忽视各要素之间相互联系、相互制约，互为补充的关系，体育教学中必须有意识地进行身体的全面培养。

（三）培养大学生掌握运动技能

体育运动能力，是指人在社会生活中，在掌握一定的体育知识、技术和技能的前提下，所获得从事各种运动的本领。运动能力是反映体育运动总体特征的一种能力，是锻炼身体和参加劳动、军事活动及各种文化活动的基础，培养大学生的运动能力，应贯穿体育课程的始末。这就要求：第一，在体育教学要不断改进体育课的教学方法，丰富课堂内容，多给学生练习的时间，同时也要避免运动教学走过场或只重学生的技术，而不顾学生实际锻炼的情况，体育教学应从学生的实际情况出发，应遵循因材施教、循序渐进、身体全面发展等教学原则。正确地引导学生进行科学的身体锻炼，使学生的身体素质得到全面的发展。从而提高学生的体育锻炼能力。第二，在体育教学中要创造良好的运动环境提供足够的体育设施，使每个学生有条件，有兴趣，有可能的多参加体育锻炼，有更多的时间参与运动，以发展他们的体育运动能力。第三，在体育教学中，培养学生的体育兴趣，激发学生的自觉性和积极性。要使学生主动、积极地参加各项体育锻炼活动，这对提高运动能力具有重要作用。在体育教学中，教师应正确地运用启发、鼓励、表扬和批评的教育方法。

（四）培养大学生开拓创新能力

在体育的教学活动中，学生是主体，是独立的行为活动，体育课教学有着较广阔的大地。发展学生个性与提高学生的心理素质，是培养学生开拓创新思想和能力有着极其密切的关系。学生在较广阔的领域中学习技术、技能，进行各种身体活动、游戏竞赛，并通过人与人的频繁交往，人的兴趣、性格和气质等个性心理特征容易表现出来，这对培养和发展良好的个性心理是有利的。在体育运动中，学生要根据自己的身体条件勇于创新，科学的系统的进行体育锻炼。在强调培养和提高学生个性心理素质的同时，学校的体育活动与竞赛应广泛开展，发扬学生拼搏、进取的体育精神。

第四节　领会教学式的体育教学模式

严格地说，我们每个体育教学模式都是指向学生学会学好的教学模式，但笔者在这里重要是要针对体育的学科特性来谈一谈"领会教学法"的教学模式和这个模式在当前体育教学改革中的特殊意义。

一、再从体育的特性上谈谈什么是"会"与"怎样才能会"

笔者曾就体育中的"会""怎样叫作会"以及"循序渐进"的有关问题做过初步的探索，在此复述如下：

（一）体育运动的"会"与"不会"因运动项目的不同而不同

1.游泳、滑冰、器械体操的某些动作、舞蹈中的有难度的动作等在学习过程中存在着"会"与"不会"的本质性区别，这些动作往往和日常生活中的动作有较大的区别。

2.相反，跑、跳、投等动作在学习过程中基本不存在"会"与"不会"的本质性区别，一般只有"好"与"不好""正确"与"不正确"的区别，这些动作往往和日常生活中的动作比较相像。

3.集体性球类项目是介于上述两者之间的运动，由于存在有技术和战术的多种问题，"会"与"不会"和"好"与"不好""正确"与"不正确"同时存在。

（二）根据运动项目的性质不同教学顺序和教学方法也不同

1.游泳、滑冰、器械体操、舞蹈等有"会"与"不会"的本质性区别的项目，必须从分解法开始学习（如我们不能把不会游泳的学生直接扔到水中让他们直接学习游泳），这种学习要求有从易到难的"循序渐进"过程。

2. 跑、跳、投等动作在学习过程中基本不存在"会"与"不会"的项目，有时不必从分解法开始学习，大部分时间是可以从完整法来开始教学的（如我们可以让没上过跑的课的学生直接上跑道去跑），"分解教学法"是为了学习细节的技术（如专门练习一下摆臂），"完整教学法"是为了学习整体的技术（如跑全程以培养学生的速率感和整体动作的连贯和协调）。这种学习有时不需要从易到难的"循序渐进"过程。

3. 集体性球类项目由于存在技术问题，因此有时需要先从整体来体会整个运动的战术和运动特性，此时是要求"整体教学法→分解教学法→整体教学法"的教学过程。

4. 个人性球类项目和用器械性运动项目（持拍类、持球类），由于其器械的有无关系到其基本运动特性的有无，因此在教学中不要将器械与学习者分开，如让学生做过多的徒手练习。

上面的思想中包含了"领会教学法"的思想。其中"集体性球类项目由于存在有技术的问题，因此有时需要先从整体来体会整个运动的战术和运动特性，此时是要求"整体教学法→分解教学法→整体教学法"的教学过程"就是领会教学法的基本含义。

比如说足球，足球运动的灵魂是"足球的意识"（足球的跑位和战术配合意识等）。有了好的足球意识，足球战术才能活起来，足球技术才能发挥作用。足球意识主要反映在运动着对球、对人、对场地的时空认识上，足球意识的发展也是有阶段性的，从低级到高级，主要有以下几个阶段（图）：

第一阶段："扎堆"阶段	第二阶段：逐渐向纵、横展开阶段
特点：球到哪里大家就追到哪里；"扎堆"状态的前后移动；很难有进球。	特点：从抢球向朝对方门踢球；队员开始向纵、横方向散开；出现进攻的主力队员。

第三阶段：会利用空当阶段	第四阶段：制造对方空当阶段
特点：出现有意图地向对方防守空当移动和传球的现象。	特点：通过有目的的摆脱与跑位使对方防守出现空当。

篮球运动、手球运动、棒球运动等也有同样的特性，要先让学生掌握了足球的基本意识，不但不影响这些运动的技术学习，还能使技术学习的目的性和实效性增强。

二、领会教学模式的提出

当前，由于在体育教学理论上对上述运动性质认识不清，在教学实践中过多地对集体性球类项目也采用了机械上的"从易到难""循序渐进"和"分解教学法→整体教学法"的教学过程，而且在分解的过程中器械与学习者分开（让学生做过多的徒手练习）的现象较多，使得教学效果差、学生没兴趣、对运动项目的理解很浅，出现"会点儿基本技术但不会打球"的现象，"学会"和"学乐"的问题均比较突出，而领会教学法正是针对这方面的问题做出的新探索和新尝试，领会教学法的教学模式被归纳成如下过程：

（一）含义和其教学指导思想：

是由英国学者嘉宾（ranker）等在80年代提出的一种改造球类教学的教学过程结构，是试图通过从整体开始学习（领会）的新教程，改变以往只追求技能，甚至是枝节的技能，而忽视了学生对整个运动项目的认知和对运动特点的把握的缺陷，以提高球类教学质量的教学模式。

（二）教学过程结构特征：

其教学过程的特点，主要体现在单元教学过程的改造上，是由过去"从局部开始分解教学"改变为"从整体开始教学再到局部，在回到整体教学"并让学生从一开始就"领会"到项目（特别是集体性的球类项目）的基本概况和概貌，以

及早地形成球类意识和战术概念等，

（三）领会教学法的教学模式有如下特点：

1.从项目整体特征入手，然后再回到具体技能学习，最后再回到整体的认识和训练中。

2.强调从战术意识入手，把战术意识贯穿在各个教学环节中，整体意识和战术为主导的性特征很强。

3.突出主要的运动技术，而忽略一些枝节性的运动技术。

4.注重比赛的形式，并在比赛和实战中培养学生地对项目的理解，教学往往从"尝试性比赛"开始，以"总结性比赛"结束。

三、关于领会教学法的几点讨论

（一）领会教学法的教学模式是不是适合所有项目

笔者认为：领会教学法主要适用于那些"需要对一个项目特点进行整体领会和认知，而这种认知又是联结具体技术学习，有利把这些技术有机地联系起来、有利于学生灵活地深入地进行技能学习的项目"，比较典型的有篮球、足球、排球等到集体球类项目，还有一些枝节动作较多，但在创编上需要有变化的项目，如武术、健美操、艺术体操等。其他不具备这两个特性的运动项目，则不适用或不必用此教学法，但如果在某一个阶段运用完整教学法来帮助学生进行一下整体全局的认识也是很必要的。

（二）所需要教学条件的分析

能不能很好的运用领会教学法，关键要有以下条件为支撑：

1.教师要对所教的教学内容有一个整体性的梳理，要从教学指导思想改变过去从枝节入手、从简单入手的教学程序，建立一个从"整体→分解→整体"的教学程序和相应的方法体系。

2.教师要对运动项目有比较深入的理解，特别是各个运动技术之间的关系有比较清楚的分析和把握。

3.教师要在"比赛教学法"方面有新的开发，这种"比赛法"不同于过去的教学比赛，是一个"尝试性比赛"和"为发现问题的比赛"，比赛中要有一定的限制性手段，如"限制防守的比赛""限制进攻的比赛""验证问题的比赛"等。

4.学生对此运动有一些基本的经验。

5.场地器材情况较好（可以有让学生经常进行比赛的条件）。

（三）领会教学法教学模式与教学时数的关系。

由于领会式教学法的特殊性，它对教学时数有一些特殊要求。领会教学法与一般教学法最大的区别是从完整教学开始、以完整教学结束。既然是以相对完整的教学来结束，而不是教到哪里算哪里，那么它必须有一个能完成阶段性教学任务的基本时间，应该说一般不应少于12课时，即采用中大单元来教学，这是领会教学法这种教学模式的特点，也是这种教学模式能切实保证学生可以学好学会的特性。

第五节　大学体育的自主学习模式

自主式学习在当今的大学教育中发挥着重要的作用，不仅可以在思想上对大学生进行提高，使其在竞争日益激励的社会中脱颖而出，同时对于社会来说，它的作用也是不可小觑的。大学生的体育教育是我国体育教育的重中之重，因为大学生本身就代表着祖国的希望。大学生的身体素质是我们整个民族的身体素质的一个缩影，更关系着我国未来在国际上的综合竞争力。当然身体锻炼是一个持续的过程，是一个终身学习的过程，在大学期间我们要学习的主要是一种方法。然而在现有的大学教育中，存在了许多问题，其直接后果就是学生学起来没有兴趣，对体育课程望而生厌。因此，为了改变这一情况，让其对体育课重拾信心，我对自主学习模式进行了研究，企图研究出一种新的教学方式，从而达到目的。

一、自主学习的定义

自主学习顾名思义是一个与自己的主动性有密切联系的学习过程，但是它没有表现出来的是自主学习还应是是一个独立学习的过程。自主学习的特征可以进行这样的总结：首先自主学习需要学习者对其设立一个目标，然后针对这一目标进行一系列的规划，最后对学生的个人、外在环境、外在结果进行总结，自主学习就是这个总结的过程。在这个总结的过程中，无疑会激发学生的创造力，从而进行对学生的能力进行锻炼，相应的在这一过程中，不可忽视的是对学生自我控制力的一种锻炼。因此，我们可以把自主学习进行这样阐述，即，学习动机是在自我的驱动下产生的，学习内容是自己主动做出的选择，学习策略是按照自己的意愿进行调节的，学习计划是自己制造的，学习时间是自己安排的，并且还能对学习结果进行一个客观的自我评价。

二、大学体育教学自主学习模式的应用

（一）通过对自主模式的运用，树立全新的教育理念

在20世纪末，全新的教育理念已经风行，大学生的体育教育也无疑受到了影响，大学生的体育教育课程已经从单纯的对学生的身体素质进行锻炼的初级阶段，进化到了对学生的身体、心理各方面进行锻炼的高级阶段。相应的古板的老旧的教育方式方法已经不适应当今大学生素质教育的新发展。因而在现阶段，大学生体育教育的关键就是发展出一种新的适应当今高级阶段素质教育的教育方法。这个最适应素质教育的大学生体育教育的方法就是自主学习模式，它不仅可以对大学生的身体素质进行锻炼，同时也可以使大学生形成一套自我约束地严格

法则，从而完成对当今大学生体育教育的美好希冀。

（二）通过改变对教育方式的改变建立一种适应自主学习模式的外部环境

在过去的体育教育中，过于强调整齐划一，统一步调，统一模式，不利于学生的个性培养，也完全扼杀了学生的兴趣，现在我认为为了适应自主学习模式的应用，我们应该改变思路，在体育教育中尽量全面的体现以人为本这一教育理念，挖掘学生的兴趣，激发学生的个性，使学生自觉自愿自我的在体育课程中得到训练。我认为为达到这一目标，首先应当进行改变的就是教师，在体育课程中，教师往往将自己定位为管理者这一高高在上的角色，这是不利于自主学习的推广的，应转变思想，将自己定位为体育指导者。其次由学生进行配合，教学是一个相互的过程，因而只有二者积极的配合才能使外部环境真正的得以改变。

（三）以学生为中心，选择自主学习的内容

在以往的体育课程中，教师需要依照大纲的指引，按部就班地完成任务，结束课程。但是教学大纲是针对全体的大学生的，而不是针对某一学生群体专门设计的，其必然没有针对性和全面的可操作性。对于身体素质高的同学来说，教学大纲可能太过简单，激不起他们的兴趣，而对于身体素质还没有达标的同学来说，教学大纲又太过高难度，没有实现的可能性，因而更没有兴趣，这就导致相当大的一部分同学在体育课上没有兴趣，必然无法达到体育的教育目的。在自主学习模式中，应当由教师来对教学内容进行选择，要结合学生的实际选择相应的教学内容，因为教师处于教育第一线，对学生最为了解，更容易起到教育教学的目的。

三、结语

在体育教学中高校教育中推行自主学习的方法我已在上文中具体阐明，我认为其更有利于当今体育在高等教育中的推行，使其进一步的适应素质教育产生的新的要求，这也是我们在新时期不能不进行思考的新任务。

第六节 大学体育的合作学习模式

合作学习模式是大学体育教学中新兴的学习模式，教师在体育教学中培养学生的合作意识，学生在体育学习中通过团体运动进行合作，不仅能够提高学生的体育成绩，还能够培 养学生的集体意识与团体概念。因此，大学体育教学中合作学习的应用探索是十分有必要的。 本文对合作学习的概念与大学体育教学中应用合作学习的意义进行了说明，指出大学体育教学中合作学习的步骤，对大学体育教学中合作学习进行了应用探索，切实提高了学生的体育水平与综合素质。

大学体育是大学教育中的重要科目之一，通过学习体育知识，学生不仅能够拥有较为强健 的体魄，还能够为其他学科的学习打下良好的基础。随着时代的发展，体育教学需进行变革，才能适应社会的发展与时代的需要，合作学习模式作为新兴的学习模式之一，在大学体育教学过程中对其进行应用探索，是十分有必要的。

一、合作学习的概念与大学体育教学中应用合作学习的意义

合作学习是指在课程开始之前，教师根据学生的课程学习情况不同、性格不同、成绩高低 等方面，将学生分为几个小组，通过小组之间相互合作与交流，完成相应的学习任务，掌握课程内容，完成教学目标。这种教学方式主要以学生学习为主，教师讲解为辅，开展小组合作学习，能够提高学生的学习兴趣和学习效率。在大学体育教学中应用合作学习的意义，可以从三个方面进行说明。第一方面可以从大学体育教学本身来说。教师想要应用合作学习的模式，就必须在上课之前明确课程目标，并且进行小组划分，在上课过程中，要时刻把握课堂动向，

引导学生进行体育知识自主学习，因此，教师将大部分精力都投入体育教学研究之中，能够切实提高体育教学水平。第二方面可以从学生的角度来说。合作学习使学生脱离了传统的教师讲学生听的单一体育授课模式，学生可以通　过小组合作，进行体育运动和知识探讨，培养团队精神与集体精神，提高解决问题的能力，因此，合作学习有助于学生在提高体育成绩的基础上，进行全方位的发展提升。第三方面，可以从人才的培养上来说。由于合作学习是一种新兴的学习模式，想要在大学体育教学中应用合作学习，学校就必然要投入相应的资金与资源进行研究，这有利于培养相关的合作学习探究型人才。

二、大学体育教学中合作学习的步骤

大学体育教学中合作学习的步骤主要有四步。

第一步，教师在进行合作学习，之前应当先　通过调查问卷的方式，了解学生的体育水平与性格特点，为以后的小组分配打下基础。

第二步，教师确定体育教学的主题，明确体育教学目标，不仅包括学生的体育知识学习目标，还包括学生的个人发展综合素养目标，在确定好目标后，教师应提前做好课程内容约安排。

第三步，教师在课堂知识讲解和体育实际训练过程中，要按照课堂之前的分组，对学生进行课堂主题的讲授、交流以及讨论引导，以学生定位为主体，不过分干预学生的讨论过程。

第四步，小组通过交流讨论，选择出讨论代表对讨论内容进行说明讲述，教师对学生的讲解与讨论进行总结，加深学生学习印象。

第五步，教师收集学生课堂反馈，并且由学生交流讨论对该堂课的意见和异议，进行反馈，学生对课堂中所存有的疑问，提出对教师讲解过程中的意见与建议，教师通过收集课堂反馈，形成闭环，从而提升大学体育教学水平。

三、大学体育教学中合作学习的应用探索

（一）以学生为教学主体，针对性进行体育教学。

以学生为教学主体，又分为两个方面。第一是关注学生的大学体育学习需求，教师了解学生缺乏的体育知识与锻炼技巧，对其进行针对性的补充，针对体育知识水平较差的学生进行重点教学。第二是，在进行合作学习小组讨论的课堂步骤中，教师应当以学生的讨论为主体，引导学生进行学习，而不是单方面的进行体育知识的传授。

（二）明确合作教学目标，提高学生综合水平。

大学体育教学中应用合作学习，不仅是为了提高学生的体育成绩，还能够使学生在合作学习的过程中，学习到团体应用与集体精神，提高学生的综合水平。比如在进行接力跑的过程当中，学生通过小组讨论的合作学习模式，得出接力跑的注重点，在实际的跑步过程当中，通过接力棒的传递与集体参与跑步过程，培养学生的集体荣誉感，提高学生的综合水平。

（三）科学安排小组学习教学内容。

教师在对学生进行小组分配时，应当按照学生的体质、擅长的体育运动、对体育知识的学习理解能力等个体特征对其进行分配，避免出现随意分组的现象。在讲课过程当中，应当科学的安排小组学习教学内容，既有学生交流讨论的内容，也应有教师进行讲解的内容，相互穿插，激发学生的自主学习积极性。

四、结语

随着教育改革的不断兴起，大学体育教学中合作学习的应用探索，虽然也取得了一些成绩，但是还需要继续进行研究，才能够切实发挥合作学习的作用。通过，以学生为教学主体，针对性进行体育教学，明确合作教学目标，提高学生综合水平，科学安排小组学习教学内容，提高大学体育教学水平，使学生能够在合作学习的过程当中，提高体育成绩，锻炼身体素质，培养综合素养。

第七节 大学体育注重个性化的教学模式

随着我国体育教育改革的迅猛发展，教育培养体育人才必须具有超强的创造性，个性及广泛的适应性。作为体育教育的核心——体育教学，它的教学理论必须与之相对应，构建个性化体育教学模式与我国面向未来的人才素质培养目标是吻合的。

一、大学生个性的偏向性及个性化教学模式在体育教学中实施的必要性

（一）大学生的个性偏向性

1. 大学生对体育运动的认知需要

对于大学生来讲，它对体育运动的认知，是体育教学的一种需求。而这样的需求，是通过大学生对某一项或者某一些运动项目，产生了好奇之后，而之间衍伸出来的。换句话来讲，正是由于大学生对某一些运动有了好奇之心，才会最终产生需要了解他并切身体验的需求。

2. 大学生获取体育知识技能的需要

对于这一方面的需求来讲，它所指的是大学生由于自身对体育项目的一种胜任能力，而产生的，希望能够在全体学生中占有一定的地位的需求。这样的需求，是每一个人都具有的，每一个人都希望得到别人的尊重，都希望实现自我的提高。而大学生，通过这样的提升，就能够在体育教学中，得到满足感，得到成就感，最终获得老师和学生的共同尊重。

（二）个性化教学模式在大学体育教学中应用的必要性

第一，在大学体育教学中，实施个性化的教学模式，能够有效地促使其他哥

们学科的个性化发展。

第二，在大学体育教学中，实施个性化的教学模式，能够帮助体育骄傲是，形成自身独有的特色教学风格。

二、个性化教学模式在大学体育教学中的有效应用

（一）设定个性化的教学目标

要想促进大学生实现个性化的发展，最关键之处就在于高校要为学生设定培养目标。而对于大学生来讲，个性化的教学目标，能够帮助其实现个性化的发展，个性化教学目标的设定，对学生的成长趋势会产生直接的影响。需要注意的是，教学目标的设定，不仅仅会受到社会发展水平的影响，更重要的是和学生的身心发展规律，和学生的学科功能特点等等都有着直接的关系的。所以，对于高校来讲，在进行体育教学培养目标的设定的时候，一定要体现出个性化，在尊重学生个性的基础上，体现出自身的特色，尽可能地在进行教学目标的设定的时候，就明确要个性化加特色的培养目标，通过此，把学生培养成为一个合格的人才。这里所说的合格，实际上，包含有两个方面的含义，第一，就是说大学生需具备高校体育层次所要求的体育文化素养；第二，就是说大学生要能够和高校体育教学目标的要求相符合。

（二）构建个性化的课程体系

在设定好了个性化的体育培养目标之后，就需要为这一目标的实现而努力，而这一目标的实现，离不开课程的实施。在个性化的体育教学模式之下，体育课程体系的构建，必然也需要充分地体现出个性化。具体来讲，在进行个性化的课程体系的构建的时候，可以从以下的三个方面来进行。

1.课程的内容要多样且个性

从这一点上来看，课程内容的多样化，这是我们国家的每一个高校体育发展不平衡的需要，这也是和学生个性化差异相满足的需要。课程内容的多样化且个性，就是要在课程的编制风格上，要在课程的适应对象上，明显地区别开来，在此基础上，还应该把课程内容的可选择性充分地体现出来。所以，对于高校来讲，首先需要做的就是要将目前以竞技类体育项目为主的课程内容做出调整，适当地把那些具有实用性的健身体育课程、民族体育课程、娱乐体育课程等等的内容增加。同时，要适当地把体育理论课程的内容加以更新，并进行恰当的充实。不仅如此，还要把那些综合性强，针对性强并且趣味性强的课程内容加入进来。

2.课程的结构要多样且个性

从这一点上来看，它实际上就是要本着科学合理且系统的原则，适当的拓宽基础，通过此，来保证体育课程在课程结构上面，变得更加灵活，从而让学生拥有开放性的教学空间，让学生享有开放性的教学时间。而这一课程结构目标的实现，必然需要高校要能够把目前必须课过多，而选修课过少；把目前重视必修课，忽视选修课的教学现状加以改善。适量地把体育必修课减少，并随之把选修课程的比例适当增加，大力的把课外体育活动予以强化。

3.课程的形式要灵活且个性

从这一点上来看，就是要在体育课程设置的时候，有的课程设置为教师讲授；有的课程设置为辅导答疑；有的课程则是由学生自主学习，并且要把自主学习的课程比例增加。另外，对于那些理论课程来讲，在进行教学的时候，可以通过专题理论研讨会，演讲比赛等等的方式来进行，当然，也可以让学生走上讲台。对于那些实践课程来讲，可以通过公开课的方式来进行，当然，这样的方式，应该把学生为主体的思想充分展现出来，体育教师仅仅只是起到指导和组织的作用。

不仅如此，为了使得学生能够独立的完成体育任务，在体育教学中，还可以适当的开设一些运动体验的课程。通过这样灵活多样，并且极富个性的体育课程的形式，不仅能够使得学生的兴趣被调动起来，而且还能够促使学生的心智得到发展，更能够促进学生的个性化发展。

（三）创建个性化的教学氛围

对于这一点，主要可以从两个方面来进行。第一，教师要为学生营造出良好的教学氛围，打造出良好的教学环境。而在个性化的教学模式之下，必然需要营造出个性化的教学氛围。所以，对于教师来讲，需要做的就是要尽可能地在体育课堂上，创设出平等和谐且愉快的学习氛围，那么，教师就必须要把以往的课堂管理者和主导者的角色加以转换，以学生为中心，扮演好自身的促进者和执行者的角色、当然，在具体的体育课堂教学过程中，教师还要对每一个学生的需要，对每一个学生的个性差异给予足够的尊重。第二，教师在进行学习评价的时候，也应该体现出个性化的特点。这就要求教师要对学习评价的目标有一个充分的理解，要对学习评价的功能有一个充分的把握，在此基础上，逐渐把教师和学生之间的互动评价体系建立起来。

（四）采用个性化的教学方式

课程形式的多样化，课程内容的多样化，学生和学生之间的个性差异，教师和教师之间的水平差异，使得教学方式也应该是多种多样的。但是，事实上，在目前的体育教学中，最主要的教学方式仍然停留在传统的教导式教学上。所以，在这样的情况之下，必须要在体育教学中，采用个性化的教学方式，以此来适应个性化的教学目标，个性化的体育课程体系。在个性化的教学方式之下，体育教师要结合实际，因时因地因事因人而定，选择适当的教学方式，让大学生的体育个性得到充分的发展。

三、结语

总之，在目前的教育形势之下，体育教学也要求要促使学生个性的发展。而学生个性的培养与发展，必须要从学生的运动需求，从学生的个性倾向等方面入手，以此为基础，设定和学生个性化发展相符合的体育教学目标，构建和学生个性化发展相满足的体育课程体系，营造出和学生个性化发展相符合的教学氛围，并采用和学生个性化相满足的教学方式。通过此，有效地促使学生的体育综合运用能力的提升，有效地促使学生个性化自主学习能力的培养，最终培养出一批又一批的个性化发展人才。

第八节 "互联网+"环境下大学体育教学混合学习模式

随着社会经济与科学技术的迅速发展，互联网应用越来越广泛，在给人们带来方便的同时，也让很多大学生开始宅在宿舍玩电脑、打游戏等，忽略了体育训练。面对这样的情况，高校应该要重视大学上的体育训练，提高当代大学生的体育运动能力，以此来提高体育教学效果。互联网环境下高校体育教学混合学习模式是一种新型的体育教学模式，实现了传统的体育教学模式与现代化信息教学的完美结合，对提高学生的体育运动能力有着至关重要的意义。基于此，本文针对"互联网+"环境下高校体育教学混合学习模式进行探究，希望能够为高校体育教学提供有利的参考价值。

大学生正处于人生发展的关键阶段，如果长期不运动的话，就有很可能会导致大学生的生理机能受到损害，甚至让很多大学生产生负面思想，这对大学生的成长与发展是十分不利的。而在互联网环境下，对高校体育教学也提出了更高的要求，推进了混合学习模式的应用。高校体育教学混合学习模式不仅能够有效推动高校的体育教学改革，也可以在很大程度上培养大学生自主学习的良好习惯。就目前而言，互联网环境下高校体育教学混合学习模式收到了高度重视，但是仍然存在比较多的影响因素。因此，对"互联网＋"环境下高校体育教学混合学习模式进行探究，是非常重要的。

一、高校体育教学混合学习模式运用互联网的重要性

（一）使高校体育教学工作的宣传工作开展更加顺利

就传统的高校体育教学模式而言，学生对其了解程度比较低，进而使学生获取体育教学的信息滞后，这就在很大程度上影响了大多数学生对体育教学的重难点不能有及时地了解，导致体育教学没有办法达到预期的目标。而高校体育教学混合学习模式运用互联网之后，能够及时、迅速地将体育教学信息发布出去，真正落实高校体育教学的宣传工作，有效提高了高校体育教学的效果。

（二）激发大学生对体育的兴趣

相对于传统的高校体育教学模式，互联网环境下的高校体育教学在更大程度上体现了以大学生为主体的教学模式，让大学生融入体育教学中去，进而对体育运动产生浓烈的兴趣与热情，积极主动参与体育教学。兴趣是最好的老师，只有将大学生对体育的兴趣最大程度上挖掘出来，才能保证高校的体育教学活动顺利开展。

二、现阶段"互联网＋"环境下高校体育教学混合学习模式存在的问题

（一）缺乏完善的"互联网＋"环境下高校体育教学混合学习模式融合体系

和传统的高校体育教学模式不同的是，混合教学模式重在实现线上、线下的结合。线上是指师生通过网络产生联系，线下是指师生之间的面对面交流，使线上线下实现有机结合，共同发挥作用能够取得很好的混合教学模式开展效果。但

是据了解，现阶段大多数的高校体育教学中的线上和线下的融合体系非常不完善，教师对体育学习的重点没有进行专门的讲解，让很多学习没有高度重视体育学习。另外，很多高校官网并没有及时发布相关的体育信息，缺乏相应的线上教学考核评价制度。

（二）很多高校体育教学混合学习模式的网络化水平不高

现阶段，有许多高校都将互联网应用到了体育教学混合学习中，建立了相关的网络平台。但是据调查，高校体育教学混合学习模式的网络化水平普遍较低，所以真正实现了网络混合学习模式的高校并不是很多，甚至可以说只有一小部分高校实现了网络作用。同时，有相当一部分高校在网络管理方面非常不严谨，尤其是对网络维护的投入少，导致很多学生没有及时将有用的文件上传网络。这样的体育教学情况是比较不明朗的，高校必须要对此进行深入探究。

（三）高校体育教学混合学习模式的应用机制不够健全

为了能够使高校体育教学达到更好地效果，高校必须要重视混合学习模式，充分发挥其优势。但是由于缺乏健全的高校体育教学混合学习模式的应用机制，进而使教师在体育教学过程中没有能够实施的具体方案，导致出现了很多体育教学规划不合理、不科学的现象。另外，有很多体育教师不能很好地适应混合教学模式，没有办法顺利开展混合学习模式的应用，导致教师在体育教学过程中很难有新的突破，使学生对体育学习的兴趣以及热情大大降低。

三、高校体育教学混合学习模式运用互联网的策略

（一）完善高校体育教学混合学习模式的融合体系

所谓混合学习模式，核心就是"混合"，通过线上、线下的相互结合来共同发挥出混合学习模式的作用。因此，高校必须要重视完善体育教学混合学习模式的融合体系，既要把握住线上教学的优势，也要重视线下的面对面交流。在线上

教学的时候，教师可以利用一些"微课"来开展体育教学活动，进而使更多的大学生对体育有深入的了解，提高自身对体育的兴趣与热情。因此，高校必须要采取有效的手段去完善线上、线下结合的混合学习模式融合体系，在更大程度上保证高校体育教学混合学习模式可以持续稳定的发展与进步。

（二）提高高校体育教学混合学习模式的网络化水平

作为高校体育教学混合学习模式的重要前提，高校的网络化水平必须要提高，高校要重视教学网络平台的建设，加大对相应教学网络平外的科学化管理，营造更加好的网络环境。在高校提高网络化水平的同时，也要重视对相关的网络体育教学内容质量。筛选出适合大学生体育学习的内容。另外，应该要尽可能地结合学生使用互联网进行体育教学的反馈，有针对性地对网络平台进行更新，适当增增加创意栏目，提高学生对线上体育教学的兴趣与热情，从而提高学生自主进行体育锻炼的可能性。通过这样的网络建设与升级，才能在更大程度上促进高校体育教学混合学习模式应用的可持续发展。

（三）必须要健全混合学习模式的应用机制

对于"互联网＋"环境下高校体育教学混合学习模式来说，健全其应用机制能够保障混合学习模式发挥出更大的作用。因此，教师应该要结合自身的实际情况，对混合学习模式应用深入研究，并且在此基础上将研究的结果用科学的应用方案表现出来，提高学生对混合学习模式的兴趣。另外，高校的领导层要尽可能地鼓励体育教师深入探究混合学习模式，尽快适应混合学习模式的教学方法以及教学思路，为学生营造学习体育的更好范围，提供更加优质的体育教学指导。

四、结语

综上所述，现阶段"互联网＋"环境下高校体育教学混合学习模式仍然存在一些问题，高校应该要及时采取措施和手段去解决问题，创新体育教学的模式。互联网为高校体育教学带来了机遇的同时也带来了诸多挑战，因此，高校的体育教师要明确结合互联网教学的作用以及意义，对混合学习模式进行深入的研究，尽快适应混合学习模式的教学方式。在此基础上，教师要对高校体育教学进行创新，提高学生的体育运动能力，激发学生对体育学习的兴趣以及热情，积极主动参与体育教学中去。只有这样，才能更好地实现高校体育教学混合学习模式的健康发展。

第九节　大学体育课堂教学师生互动思考

　　体育教学是高校素质教学的重要组成部分，对提升学生的身心素养，促进学生的全面发展具有重要意义，教师为提升体育课堂教学质量，就要加强师生互动。师生互动模式的实践，能够对传统的教学方式进行有效创新，也提升学生的学习兴趣与自主学习能力，帮助学生更好地融入体育课堂教学中。本文通过对大学体育课堂教学中的师生互动模式进行研究，希望为我国大学体育课堂教学改革与创新提供一些参考意见。

　　在"以人为本"的教学理念下，大学体育教学课堂就要不断改革与创新，从而适应社会的发展与素质教育的目标。大学开展体育课程不仅是为提升学生的身心素养，还要帮助学生形成终身体育锻炼的意识，这样才能在学生步入社会后经常进行体育锻炼。师生互动模式在大学体育课堂教学中的合理应用，是时代发展的必然要求，也是不断提升课堂教学质量的要求。因此对大学体育课堂教学中的师生互动思考研究具有重要价值。

一、师生互动模式概述

（一）师生互动模式。

　　在传统的大学体育课堂教学中，教师与学生之间的沟通较少，不但造成课堂枯燥乏味，也使得学生的学习积极性受到影响。因此师生互动模式的实践，能够将这种问题进行合理的解决，从而提升学生的学习兴趣，帮助学生更好地完成体育学习。在师生互动模式中主要包括以下几个方面的内容：第一，师生在进行互动过程中是平等民主的，因此在进行实践教学中，教师一定要充分尊重每一个学生，帮助学生更好地完成体育学习；第二，师生互动模式的开展是一个互相影响的过程，在这个过程中教师要不断调整自身的教学方法与内容，激发学生的学习兴趣，提高学生的自主学习能力；第三，师生互动情境是不断变化的，在教学中交互互动的开展较多，就要求教师要综合应用多种教学方法，不断提升体育课堂教学质量。

（二）大学体育课堂教学中的师生互动模式的重要性。

我国高校教学理念与实践相比于欧美等发达国家依然存在一定差距，这就要求对传统的教学理念与模式要进行改革与创新，这样才能不断适应社会的快速发展与学生的实际需求。在应试教育的压力下，学生在学习过程中往往处于被动的环境下，这样不但无法激发学生的学习兴趣，提升学生的自主学习能力，还会不断消磨学生的学习热情，对学生的学习造成极大压力。但是在师生互动模式的有效应用下，大学体育课堂教学发生很大改变，不但能够有效激发学生的学习兴趣，还能提升教师的教学质量，促进学生的全面发展，为学生的日后学习与成长打下坚实基础。

二、大学体育课堂教学中存在的问题

（一）教学内容单一。

虽然我国在素质教育的不断深入下，体育教学得到很大创新，但是依然有很多大学在教学中依然沿用传统的教学理念，使得教学内容十分单调，很难激发学生的学习兴趣。很多高校的体育课堂教学都是千篇一律的跑操、基本热身与一些简单的太极训练，同时还会有一些传统的篮球、乒乓球等体育项目。在教学过程中很多教师的积极性不足，对课程的设计较为简单，使得课堂教学过程中较为枯燥。在这样的训练环境下，学生的学习积极性受到极大影响，对学生的学习积极性造成极大压制，使得学生在课堂学习中的主体地位不断丧失。

（二）体育教师的专业素养有待提高。

大学体育教学不仅需要提升学生的身心素养，还要在教学中不断渗透德育教育，让学生逐渐树立起正确的世界观。但是就目前来看，很多高校的教师专业素养有待提高，这就造成基本的体育教学也无法得到有效保障，德育渗透更无法有效保证。教师在教学过程中对专业项目的钻研较少，在教学中无法综合应用多种教学方法激发学生的学习兴趣，这就使得学生在体育训练中无法有效掌握体育技能。

（三）体育教学基础设施不足。

由于高校未能认识到体育课程的重要性，使得体育教学的场地建设严重不足，体育训练设备也无法满足学生的实际需求。在这样的情况下，高校在开展教学活动中会受到极大影响。很多高校由于场地不足的问题，在教学中无法有效开展丰富多彩的体育互动，一些新的思想与模式也无法有效展开。同时由于很多新的教学方法需要一些器械进行辅助，但是很多高校对体育教学的投入不足，造成体育机械设备无法满足学生的实际需求，对体育教学的质量提升造成极大阻碍。

三、大学体育课堂教学中的师生互动模式

（一）创新教学模式。

首先教师要确立学生在课堂学习中的主体地位，充分尊重学生，创新课堂教学模式，不断激发学生的学习兴趣。在师生互动模式下，学生是课堂教学的主人，教师的一切教学互动都要以学生的实际需求出发，并针对学生的实际情况，制定合理的教学策略，提升学生的学习兴趣。游戏教学是有效激发学生学习兴趣，提升课堂趣味性的方法，因此教师在体育教学活动中就要加入游戏教学。教师要进行合理的引导，让学生在小组活动中进行实践。在活动的开展过程中教师要积极与学生进行交流，包括小组的分类，游戏的设置等，都要加强对学生的引导，让学生自行进行组织互动与学习。在学生的游戏活动中，教师要对一些难点与重点进行讲解，帮助学生更好地掌握体育技能，提升对体育知识的掌握。同时在活动结束后，教师要组织学生进行互评，在评价过程中一定要真实、真诚，通过教师与学生、学生与学生之间的互相评价，能够在增进彼此之间感情的同时，也能不断提升学生的体育核心素养。

（二）开展丰富的课外活动。

大学体育教师在日常教学中要鼓励学生积极残油课外实践活动，因此学校要提供丰富多彩的课外活动，在课外活动中加强教师与学生之间的互动。在课外活动的开展前，教师要对学生的实际情况进行综合分析，并组织不同的活动，这样才能满足不同阶段、不同兴趣、不同基础的学生参与到课外活动中。学生在参与课外活动过程中，不但能够对体育技能进行合理掌握，也能有效提升自身的综合素养。比赛活动是激发学生参与积极性，拓宽学生眼界的重要手段。因此高校要积极组织丰富多彩的比赛活动，让学生主动参与到活动中，并且在活动中提升竞技性与团队性，这样才能让学生在活动过程中有所收获。由于每个学生的身体素养等各方面的因素都各不相同，所以教师要制定灵活的考核机制，这样才能保证与每一位学生进行合理的互动。比如教师可以组织同一年级的乒乓球接球比赛，在学生的团队协作中，最短时间内完成接球的小组为最终的胜利队伍。教师在对学生进行评价过程中，不能以结果论成败，要对失败的队伍进行适当的鼓励，并对比赛过程中学生的表现进行细致的观察。

（三）加大对基础体育锻炼设施的投入。

高校在开展体育教学中，很多项目都是由于基础设施不足，造成在高校的缺失，因此高校要不断认识到体育教学的重要性，并加大对基础设施的投入力度，这样才能保证体育活动的有序开展。因此高校要对学生的实际需求进行合理分析，保证对学生的实际需求进行满足。同时也要积极争取政府与社会的支持，这样才能将基础设施短缺的问题进行合理解决。大学体育课堂教学中的师生互动模式的开展需要良好的硬件设施，这样才能为体育教学活动提供一个稳定的基础，也才能保证学生都能参与到体育训练中。在师生互动模式下，需要有一个开阔的场地，这样才能满足活动需求，同时也需要一些专业的设备、游戏设备等，为互动模式的开展提供良好的支持。在基础设备满足的基础上，教师要充分运用这些设备，提升互动模式教学在体育教学中的作用。

四、结语

互动模式教学在大学体育课堂教学中的实践，是激发学生学习兴趣，提升学生自主学习能力，促进教学改革的重要手段。因此体育教师要对互动模式进行合理分析，并认识到互动教学的重要性。同时也要对目前体育课堂教学中存在的问题进行合理分析，并通过创新教学模式、开展丰富的课外活动、加大对基础体育锻炼设施的投入等途径不断提升互动模式在体育课堂教学张的应用效果，进而促进我国素质教育的有效开展。

第十节　契约学习法在大学体育教学中运用

随着国家对大学生整体素质的重视，越来越多的学校开始对体育教学模式进行改革，尝试以多元化与自主化的教学方式，培养学生的创新思维能力与主观学习能力，并尝试更新学校的体育教学设备、环境、资源等。要想真正实现体育教学新模式，必须要敢于打破传统，勇于创新，将全面改革的新思维落实到具体的教学方案中。所以，将契约学习法融入大学体育教学理念，运用契约学习法提高学生的创新思维能力，激发学生对体育的学习兴趣，从而提升学校体育教学质量。

一、契约学习与契约式体育学习法

契约学习是一种自主学习的教育方式，将师生的课堂关系视为一种"契约"关系。需要教师与学生一切参与协作，根据学生自身的学习环境与能力制定个性的学习方案，从而激发学生的学习兴趣，提升学生的自主学习能力。契约式学习法提倡自主、创新、协作等精神，正好与崇高的奥林匹克精神不谋而合，展现了体育运动的性质特点。相关研究数据表明，从20世纪开始，契约学习法就开始在医学、外语、建筑等方面融入到成人教育当中广泛运用，但在体育教学方面却很少涉及，就算触及到顶多也是纸上谈兵，没有实际应用上的利弊。为号召国家新课改的政策，将契约学习法真正地落实到实际的教学方案里面，实现体育教学的自主、平等、创新的理念。开设多元化教学模式，引起学生的参与兴趣，激发学生自主能动性，充分体现出体育教学以学生为主体、实现自由平等、民主和谐思想、尊重个体差异的理念。契约学习法是体育教学新课改中新融入的一种学习方式，是指以现在的学习过程为准则代替过去以学习结果为目的的学习方式。强调以激发学生的学习兴趣与主观能动性为核心，帮助学生提高学习能力与自身素质，从而提升学校的体育教学水平。

二、契约学习法的运用环境

结合当前学生体质普遍偏弱的现状，通过查阅教育部现有资料得知，如果单纯地依靠学校的教学内容来改变学生体质，效果犹如螳臂当车，因为造成学生自身体质薄弱的原因并非是单独的一方面，而是取决于家族的遗传、营养的供给、生长的环境等多方面的原因。学校体育作为改善学生体质的主要部分，有责任为改善学生体质做出努力，如完善教学设施，建立系统的教学模式，提高教师技术能力。虽然社会大环境对学校体育课程难以得到安全保障和资源的满足，但是这些对于激发学生对体育活动的参与热情和面对挫折与失败的勇气有着重要的作用。无论是各方面条件优越的贵族学校，还是环境一般的普通高校，都存在着学生喜欢体育却不喜欢上体育课的现象，造成这种现象的最大的原因就是学校体育教育模式不能激起学生对体育课的学习兴趣，学校的教学方式已经跟不上日新月异的社会发展，满足不了学生日益增长的心理和精神上的需求，使之学生对学校的体育课提不起兴趣，从而忽视体育锻炼的重要性。

可以从提高思想主观意识与落实实际行动两方面入手，实现契约学习法在体育教学方面的运用，以此来激发学生的求知欲望，使其善于发现问题，并且能根据教师的正确指导自主解决问题，从而提高体育教学的教学质量。首先，从思想方面要让学生认识体育教学学习的必要性，为实施契约教学学习在体育教学中的实际应用奠定良好的基础。其次就是契约学习法在体育教学中的具体实施，第一，教师在上体育课之前，要进行自我学识提升扩宽自己的知识面，这样不仅可以及时发现学生的问题并加以引导，而且可以在学生作业问题上有足够的专业底蕴为学生提供学术帮助。为快速提高自身的整体素质学生也要利用网络、图书馆、社会交际等广阔的社会资源，根据自身具体情况寻找适合自己的体育运动，只有这样才能对体育产生兴趣全身心的投入训练中去。第二，学生在实际的体育训练中要根据老师的正确引导，激发自身潜在的能动力，科学地进行体能锻炼，以此改善自身体质增强体育竞技能力，并积极参加学校各种活动竞技，从中感受其中的乐趣与成就感。

三、契约学习法的成功尝试

案例分享：以2015年在陕西师范大学60名非体育专业的研究生，进行为期一个学期16个学时的实验为例。在实验中，将60名学生分为两个实验班和一个普通班进行分组教学。实验当中，实验班与普通班的教学设施、条件、教师等都全部相同，并且严格遵循契约学习法的规则进行。实验变量的确定。本研究选取班级变量，分自我契约实验班、契约签订实验班和普通班三个变量。选取时间实验变量分为实验前、实验后作为实验的处理变量和分类变量对实验进行设计。以所测的学生体重（kg）/身高（cm）2，即身体密度指数（BMI）视为身体形态指标，以测肺活量、坐位体前屈、立定跳远、一分钟仰卧起坐（女）、引体向上（男）800m/1000m作为体能指标，以篮球定点投篮命中率（十个）作为运动技能指标。尝试通过契约学习的实验后学生在身体形态、体能、运动时间等方面所产生的变化，得到契约学习法运用在大学体育教学实践中的效果。为了保证实验结果的真实有效性，教学过程中要求在不同类别班级，除对实验班学生在体育契约制定方面进行指导外，在课堂上均采用统一的教学计划。

测量方法。在实验前后，现场发放和回收问卷的方法，问卷中一共46个关于契约教学的方面的专业问题。共涉及六个方面，分别为消极兴趣、积极兴趣、关注体育、认知体育、参与竞技、自主与研究，共发放了60份，回收60份，回收率百分百，成效率百分百。指导学生评判学习水平。让学生根据自己身上的体质、体能制定锻炼目标，而且目标必须要切合自身能力，不可脱离现实，并指导学生草拟学习计划表，重点是让学生能够清楚自己目前的技术水平与将要达到目标的差距。学生根据自身的现状和教师一起制定体育训练项目，并且一起评论每一个目标达成的标准或者如何实现标准的方法，以便于学生在日常训练过程中得以参考。另外自我契约实验班的学生与老师一起签订体育锻炼、学习的契约，契约实验班学生则是自我实施。契约签订实验班，顾名思义就是学生与老师一起制定和签订体育学习和锻炼的契约。每个阶段的契约到期后，师生一起评估契约中每一个目标达成的情况。普通班的学生不用受任何因素的限制，其测试结果仅为两个实验班结果对比所用。

四、结语

契约学习提倡以学生为主体，实现学生的自由平等、自主管理能力、思维创新能力等，并在教师的指导下激发浓厚的学习兴趣，提高自主学习能力。总而言之，无论哪种体育运动，其特性均是以改善学生体质为核心，使其在面对生活、工作、学习所带来的压力时，能够保持健康的心理素质并能及时调整心态有效的缓解压力，彰显了不抛弃、不放弃、不畏艰难、健康向上的体育精神。

第十一节　新时期大学体育教学模式分析

随着高校体育教学的改革与发展，传统体育教学模式的缺陷和不足日渐显露。摈弃传统体育教学中僵化的学科、课程观，改革以开放发展的活动观，把教师课堂授课的教学过程和学生学习的活动过程融为一体，从而创造一种全新、充满活力的高校体育教学模式是高校体育教学改革的必然之路。

一、我国大学体育教学存在的问题分析

目前，我国大学体育存在的问题比较普遍，主要集中在教学的设备不够完善，教师队伍的整体素质不高，教学的氛围也存在问题。师生的重视程度都不高，从而造成了学生们将体育课就当成了玩的课程，而教师也没有完善和科学化的教学体系。这些原因都造成了大学体育教学存在一定的偏差，对于我国未来体育人才的培养，都有一定的不良影响。那么，造成这些问题的原因有哪些呢？基本上可以认为是高校对于体育教学的重视程度不足，一些综合性高校对于体育学科的竞争力不予以重视，而由于经费问题，对于体育设施的建设也不够完善，从而造成很多实践的体育课却成了理论课，而实践课程则成为了其他活动的休闲时间。因此，这些原因造成了我国大学体育教学中存在这些问题，也是因为这些问题导致了大学体育教学存在诸多的弊端。

二、我国大学体育教学模式改革措施分析

通过对我国大学体育教学存在的问题进行分析，可以从根本上了解体育教学存在的问题并能够根据存在的问题及其原因进行措施的实施与解决。那么，在实际的教学过程中，如何对我国大学体育教学的教学模式进行改革呢？具体采用哪些有效的措施呢？

首先，让大学体育教学的学分制与毕业学分相关联，加强体育学分的质量。在教学模式方面，科学合理的进行改革，可以在很大程度上改变原有的教学弊端，从而解决存在的诸多问题。实际上，将大学体育教学的学分与毕业学分相关联，实际上是最大限度地提高学生们学习的主动性，并且让学生们存在一定的主动性和积极性。因为毕业是涉及学生的大事，只要与毕业相关的教学内容，学生们都会给予足够的重视。那么，利用这样的教学模式改革，可以在一定程度上加强学生们对于大学体育教学的重视程度，并在一定的压力下促使学生们注重对于大学体育学科的学习。

其次，加强高效大学体育教师队伍的建设，从而在根本上提高大学体育的教学质量。通过一定的调查数据显示分析，诸多的高校体育教师的师资力量明显步入专业课的教师队伍水平。原因也在于高校对于体育教学的重视程度不足，不能有效合理的完成对于体育教师队伍的完善工作。由于传统的体育教师队伍中，存在诸多不良现象，教师的责任心不强，对于教学课程的把控以及教学内容的传授

无法做到真正的专业，从而造成学生们在学习的过程中，也无法真正地学到知识。

此外，由于教师的队伍不强，从而造成了教师对于教师的不重视。这点非常关键，教师的不重视，就容易造成学生们的厌学情绪。此外，在教学的过程中，由于教师不能够合理把控整个课堂的节奏，总是造成在一定程度上无法满足学生们的要求。长此以往，就造成了学生们学习的过程中无法达到教学指标。总之，加强大学体育教师的队伍建设，充分提高教师的素质，是改善现有体育教学问题的有效途径之一。

最后，高校需要进行投资，加强体育设施建设;完善的体育设施，在一定程度上也会影响大学体育教学的效果。具备完善的体育教学设施，可以让体育教师更加有效率。在大学教学过程中，教学内容更加专业化，因此一些教学设备的要求也就很高。例如大学体育教学中的游泳教学，就需要高校建设有专业的游泳池，这样学生们才可以有实际操作的空间和机会，教学的效果和目的才能够得以实现。因此，加强体育设施投资，是实现教学模式改革的关键因素之一。

三、结语

本文通过对我国大学体育教学存在的问题进行分析，透彻地分析了造成我国大学体育教学存在问题的根本原因，从而基于原因出发，对现有的大学教学内容以及教学模式和教学理念进行了深入的分析与探讨。教学模式的改革重点在于将教学理念进行深化与应用，摒弃传统的教学理念，让全新的素质化教育与改革化教育等理念完全应用在大学体育教学中，从而实现基于全新教育理念的大学体育教学模式。

总之，教学模式的转变，需要根据高校的实际情况。基于实际情况进行相应的改革措施的应用，从而能够保证从实际角度出发，让学生们能真正了解体育教学的意义，并加强教师队伍的素质，让大学体育教学良性发展。

第三章 新时期大学体育教师的发展

21世纪是信息化与知识经济的时代，大学使命的内涵更为丰富。大学不仅应履行启迪智慧、探索真理、发展科学、传递文化、服务社会的职责，以前所未有的发展态势实现着造就人才、塑造人类的伟大使命，而且更强调教育功能与学术功能的完美结合，更强调探索真理与传承文明的高度统一，更强调社会的责任。高校体育教师队伍建设随着社会的发展，也进入了一个新的发展阶段。高校体育教师必须从树立新型教育观、加强职业道德素养、强化专业素质、优化知识结构等方面加以提高，以适应新时期高等教育对高校体育教师的素质要求。

第一节 新时期大学体育教师需具备的素质及其培养

随着国家对高校体育课程的改革，新时期高校体育教学对教师的专业素质提出了新的要求，需要教师具备更加良好的政治素质、道德素质、思想素质、知识素质、能力素质。分析高校体育教师需要具备的这些素质的内容，在了解这些素质的基础上有针对性的加强对高校 体育教师素质的培养，有利于促进高校体育教学改革的进程。

2002年开始在全国高校全面推行的《全国普通高等学校体育课程教学指导纲要》标志着我国高等院校体育教学迈入了新一轮的课程改革。《纲要》对我国高校新时期的教学目标和内容提出了新的要求，需要教师具备更高的素质，相关部门要加强对教师素质的培养。

一、高校体育教师的素质高校体育教师的要履行好自己的职能，就必须具备相应的素质。高校体育教师的素质包括以下几个方面：

（一）政治思想素质

政治素质是高校体育教师须具备的基本素质，主要指高校体育教师在教学过程中需要具备的政治条件和政治品质，包括坚定的共产主义信念、高水平的政治鉴别力等。坚定的共产主义信念是指"高校体育教师要始终坚持党的基本路线，坚持坚定不移坚持四项基本原则、贯彻和执行党的路线、方针和政策树立实现共产主义的崇高理想"。高水平的政治鉴别力是指教师鉴别各种不良政治思想的能力，只有具备这个能力才能教师拥有清晰的头脑，保证教学的正确方向。

（二）道德素质

高校体育教师具备良好的道德素质对教师自身的发展和教学的开展有巨大的促进作用。首先，高校体育教师必须爱岗敬业。高校体育教师作为一种职业，爱岗敬业是高校体育教师的道德基础。爱岗敬业能够是高校体育教师保持工作的积极性和激发教师的创造能力，促进教师在工作中不断提升自己的能力，满足教学的需求。其次是奉献精神，高校体育教师在教学过程中不计个人得失，以国家和集体的利益为重，是高校体育教师的为人师表的重要表现。再次是高校体育教师要热爱和尊重学生，这是高校体育教师有效开展教学的基本前提，因为这样，学生才会更加亲近和信任体育教师，对教学内容做出积极反应，使教学更加有效。

（三）思想素质

高校体育教师思想素质包括思想观念和思维方式。"思想是客观现实在人们意识中的反映"，思想随着新时期体育教学现状的改变而改变。我国体育教学在改革的过程中，教学课程、教学环境不断改变，新时期的教学对象对教学的要求也有所提高，需要高校体育教师具备与时俱进的思想观念，才能适应新时期体育教学的改革。思维方式是决定高校体育教师认识教学能力的重要因素，在教学过程中保持敏捷和科学的思维方式有利于教师发现教学中存在的问题，轻松找到解决问题的方法，推进教学的新发展。

（四）知识素质

体育教师的知识素质是教师在教学过程中需要掌握的理论知识。首先是体育理论知识，体育专业理论基础知识是教师知识素质的根本，高校体育教师在教学过程中加强学生体育教学需要强大的理论支撑。其次是与体育教学相关的学科知识，这一部分的理论知识是高校体育教师的知识素质的重要组成部分，比如心理学知识、健康饮食知识等，在高校体育教学的过程中发挥重要的辅助作用。

（五）能力素质

能力素质是指高校体育教师在进行教学过程中具备的能力。在教学过程中高校体育教师具 备的能力多种多样。第一是教学组织能力。高校体育教师在教学过程中往往是进行班级教学，要顺利开展体育教学需要教师具备很强的组织能力。在教学过程中有效地组织学生开展自主学习、探究学习，打破以教师主导的教学模式，让学生具有更多的机会主动参与教学。第二是高超的教学方法运用能力。教师需要熟练地掌握多种教学方法，懂得教学方法的运用艺术，合理的采用教学方法开展教学活动。最后是教学评估能力。高校体育教师需具备科学的评估手段，才能对自己的教学成果有充分的认识，教学中的不足才能被及时发现和改进。

二、高校体育教师素质的培养

对于教师素质的培养需要从多方面、有针对性地开展，这样才能使高校体育教师的素质切实地得到提高。

（一）加强理论学习

教师的政治素质、知识素质等需要丰富的理论基础知识来支撑，加强高校体育教师的理论学习是提高教师素质的重要手段，需要高校完善体育教师的管理手段。首先是完善体育教师的考核手段，对学校体育教师相关理论基础知识进行定期考核，检测教师的理论水平；其次是完善体育教师学习理论知识的激励机制，建立普惠、长期、公平的激励机制，促进体育教师学习理论的积极性。

（二）实施培训

培训是提高高校体育教师素质的另一种重要方法。教师在培训过程中可以吸收优秀的教学经验，来弥补自身的不足。在对高校体育教师开展培训的过程中也要讲究科学，必须保障培训具有针对性，针对本校体育教师的不足进行针对性的培养；必须保障培训方式的多样性，采取多样的培训方式能够提高体育教师在培训过程中对于培训内容的接受效率；必须保证每个教师的培训次数，这样才能使教师在及时的培训中尽快纠正自己的问题。

（三）开展实践活动

实践是检验真理的唯一标准。通过开展实践活动是提高高校体育教师教学素质的又一重要手段。首先是开展体育教师教学比赛的实践活动，通过开展教学比赛的实践活动可以使教师在参与比赛的过程中激发自己的潜力，使得教师的素质得以提高；其次是开展教师互评的实践活动，在这一过程中，一方面体育教师能够以旁观者的身份为其他教师的教学提供有效指导意见，促进其他教师教学素质的提高；另一方面，教师在评课的过程中也能吸收其他教师教学的优点，提高自己的教学水平。

第二节　大学体育教师教学能力提升路径

慕课建设成为推动高校教学改革，促进教育资源均衡化和提高教学质量与效率的重要手段。互联网、大数据等信息技术与体育教学的融合发展，优化了体育教学的环境、改善了信息的传播路径，学生信息获取途径也由单一转向多元，这都对大学体育教师的教学能力提出了新的要求，为适应大学体育教学的新变化，体育教师要转变教育教学理念，提升道德修养和个人涵养，提高课堂的掌控能力，学习专业知识和现代教育技术，科学化运用智慧教育手段。

互联网技术的迅猛发展催生了教育教学的改革，以慕课为典型代表的在线课程建设风靡全球，慕课以自身特有的规模巨大、开放性、网络性等特点，赢得了高校管理者、师生的肯定。慕课（MOOC）最早是由加拿大学者DaveCormier和BryanAlexander在2008年首次提出，2014年中国大学MOOC平台的上线标志着我国慕课建设进入快速发展的轨道，随后全国各大高校立足自身学科专业优势投入到慕课的建设中，大学体育作为普通高校必修课程也尝试性进行了慕课的建设，大学体育慕课资源的建设对于高校体育教师提出了新的要求，在慕课建设背景下高校体育教师应积极提升自身的教学技能，以适应新时代对于高等教育教学改革的新要求。

一、慕课建设与体育课堂教学改革

体育课堂教学在慕课建设中悄然发生着变化，传统的运动技能"传授-接受"式教学模式受到了挑战，翻转课堂、合作学习、俱乐部教学改革、探究式教学模式成为体育教学改革的热点，学生的学习过程不再局限于体育课堂活动，课前学习、课后练习成为体育课堂教学的重要延伸，体育课堂教学活动也发生了很大的变化，运动技能传授、学习、练习的课堂教学模式将变成学习与练习为主，课前、课后学生将会利用课余时间通过网络观看、学习更多的运动技能，而且能够借助现代媒体手段让学生从多个角度、多个维度学习、观看、了解运动技术的每一个细节，而且观察到的技术动作更加标准、规范，最为关键的是学生可以多次重复观察一个技术动作，对于动作的方向、动作的速度、动作的节奏、动作的姿势有着更好地理解，能够更加直观地引起大脑对于运动技术动作的皮层反应和视觉的感官刺激。练习过程中技术动作信息的即时反馈也为学生提高学习的速度和效果提供了很大的帮助，教学方法和手段也应随着现代信息化建设或者MOOC建设进程的加快而适时进行总结、提炼，以适应新时代MOOC建设背景下教学的需求。

二、慕课建设与体育教学环境升级

体育教学环境对于教学质量提高的影响毋庸置疑，优美、舒适、富有文化气息的体育教学环境能够提高学生参与体育运动的兴趣，随着高等教育的投入增加、对于青少年健康尤其是体质健康的关注，高等学校体育教学的场地、器材已经发生了翻天覆地的变化，高规格的塑胶场地与人工草皮已经替代了碳渣场地，体育教学的器械设施尤其是辅助器械的"人性化""智能化"设计也更适应体育教学的需要，很多运动项目的教学从室外"露天"搬到了"豪华"的室内，室内运动场馆教学条件极为改善，为现代化、智能化体育教学设施的使用创造了良好的基础，人工智能、互联网等技术得以在体育教学中很好地运行，体育教学环境在新时代发生了翻天覆地的变化，新兴运动项目或者竞技运动的群众性、普及型、学校化改良增加了运动项目的趣味性、健身性、教育性，以其便捷、舒适、适用以及良好的感官的人性化设计吸引了广大的大学生从事体育锻炼，商谈、休闲、健身、学习一体化的智能化健身场馆更是点燃了广大青少年的锻炼激情，在社会资本的现代运作和高等教育教学的变革中，校企合作和吸纳社会资源办学成为高等教育发展的新契机，社会资本注入高校，诸如健身房、游泳馆、高尔夫场地和其他便捷体育设施进入了高校体育课堂，体育教学的环境、设施、条件等极为改善，新的体育教学环境下，高校体育教师再沉浸于"一个哨子两个球"的教学时代是不能满足现在高等体育教学的要求，适应现代体育环境的教学设施使用将成为提高教学质量和效果的必选之路。

三、慕课建设与学生学习信息获取

互联网＋教育改变了学生获取信息的途径，学生获取体育学习信息不再单单来源于课本和教师的讲解，可以通过网络媒体获取多样性的体育运动项目的教学信息，电视转播、互联网等对于大型比赛的即时报道和精彩回放，可以让学生获得多项运动技术、运动战术等信息，运动项目发展历史的精彩节目制作能够让学生对于运动项目的发展历史有更加直观的了解，同一运动项目有多名体育名师、奥运冠军、体育明星等制作的体育慕课，譬如篮排足等集体项目、乒羽网等小球项目、民族体育项目、时尚运动项目、健身体能运动项目以及田径、体操、游泳等基础运动项目的慕课资源相当丰富，既有一流高校教师建设的慕课，也有师范类、专业类普通本科院校建设的慕课，民族地区高校或民族高校建设了具有民族元素的慕课，这些慕课的建设、开放为学生获取学习信息提供了便利的条件，学生不仅便于获取体育运动项目的学习信息，还能够很好地甄别信息的优劣，这都会对体育教师的教学提出新的要求，大学生的辨别能力已经趋于成熟化，教学内容、教学方法、教师的魅力等都将是学生进行比较、谈论的焦点，体育教师如果不提高自己的教学技能、运动技术水平将在学生进行选课时处于尴尬的境地，这也势必促使体育教师不断去学习、去提高。学生学习方法在发生变化，自适应学习、个性化学习、分布式学习、泛在学习等深度学习的方法广泛盛行，慕课教育环境下，学生随处可学、随时可学、随地可学，学生可以自己选择适合的运动项目，跟同伴约好时间、约好运动场地，以学伴、团队的方式进行自我运动技术的练习和运动战术的配合，这些学习方式方法对于体育教师的教学提出了新时代的要求，不提高教学方法、教学手段、教学技巧将不能适应MOOC时代的教学。

四、体育教师教学技能的提升路径

（一）强化基本理论知识的学习，转变体育教育教学理念。

中国高等教育处于新的变革之中，"双一流"建设和"六卓越一拔尖"计划

2.0的实施对于高校体育教育影响深远，新时代高等教育必须将立德树人放在首要地位，要在学生品德修养上下功夫，使广大的学生践行社会主义核心价值观，互联网＋的时代要充分利用全媒体的积极作用，掌握主流意识形态的话语权，充分利用各种传播平台传播新时代教育的理念，培养社会主义现代化建设的践行者和接班人，把握新时代学生的成长规律，结合学生在新时代教育理念下的新特点，创新、完善价值引领理念，丰富价值理念的引领方法，帮助学生树立为国家富强、民族复兴奉献的精神，养成敢于担当民族复兴大业的积极态度，新时代的教育教学理念的转变以及传播方式的改变对于新时代的高校体育教师提出了新的要求，要学习现代体育教育、信息传播等基础理论知识，要将信息技术与高等体育教学的基础知识相结合，体育教育的价值理念、体育教育的理念传达、以体育人路径的培育等要与新时代大学生的体育观念、体育学习习惯、体育知识获取途径等相契合，通过体育教学激发学生利用新媒体等现代化信息传播手段获取知识，培养既红又专的新时代大学生，通过民族传统体育文化的传播激发大学生的爱国热情和创业激情。

（二）提升道德修养和情感素养，发挥体育教师引领作用。

中共中央国务院印发了《关于全面深化新时代教师队伍建设改革的意见》来加强教师队伍建设，新时代的大学体育教师是青年人的"引路人"、是实现中华民族伟大复兴、实现中国梦的"筑梦人"，大学体育课程思政教育是新时代对大学体育提出的新的要求，体育教师的思想道德水平、道德修养、道德情操对于新时代的大学生有很大的影响力，大学体育教师的历史观、民族观、国家观、文化观对于学生人生观、价值观等影响深远，大学体育教师言传身教的榜样作用将会引领学生更好地践行社会主义核心价值观，体育课堂教学中弘扬中华民族的优秀传统体育文化和体育精神，使学生认识、肯定中国教育、中国体育取得的举世瞩目的成绩，引导学生投入到教育强国、体育强国建设中。体育教师在课堂教学中与学生进行情感的交流、领导班集体的情感互动是体育学科的优势，学生可以在线观看到优美的运动技术和知名体育专家教授、奥运冠军、体育明星对于运动技术恰到好处的讲解与演示，但在运动技术的学习、练习过程中同学之间、师生之间的合作与竞争，在参与运动竞赛过程中凝聚的团队意识、培养的吃苦耐劳的精神品质，这些真实的情感是在网络、慕课学习中体验不到的，体育教师在课堂教学中自身的情感素养的提升对于学生、团队、班集体情感的认知、培养、表达等都有直接或者间接的影响，教师应提高自身情感的控制能力，培养体育课堂教学中的积极情感，来涵养学生、团队、集体的积极情感体验。

（三）做好专业知识的自我提升，提高体育课堂掌控能力。

MOOC时代体育教师的教学能力的提升至关重要，体育教师对于教学方式方法、自身角色的定位、对于高等教育人才培养理念和目标的深入理解和学习提高，都会提高体育教学的质量和效率，学科教师同行之间的教学竞赛、金课建设等都会激励教师对于自身业务水平的提高，教师利用MOOC的优势资源和技术和自身专业知识的学习来提高课堂教学质量和进行教学改革创新，改变传统的教学方法，提高课堂教学的效率和效果。教师自我学习能力的提升才能适应MOOC对于高校体育教师的新时代的要求和挑战，教师不主动学习而满足自身现有学科专业知识结构将会跟不上新时代发展的步伐，对于现代信息计划、互联网技术、大数据等的学习将会提高高校体育教师对于新知识的学习，将新技术、新理念、新思考与教育教学相融合，加强自身专业技术、专业知识的学习提升，突破、提升、优化自身原有的教育教学知识体系。传统体育教学中的教材、教师、讲授"三为主"的教学模式，在MOOC时代任课体育教师已不再是学习资源的唯一掌握者，以运动技术、运动竞赛、教学组织等内容业已悄然发生了变化，学生的主体地位得到了充分的体现，体育教师和学生之间知识的传递更重要的是教与学方法的选择，体育教师应主动优化教学资源和教学方法，充分利用线上教学资源的优势，进行线上线下教学的深度融合，通过教学方法、练习方法、竞赛方法的多层次高深度的改善与创新，打造高校体育课程的品牌和特色，娴熟的体育运动技术的展现、教学艺术与技巧的运用、课堂教学竞赛组织的掌控能力等将会提高高校体育教师的专业素养和人格修养。

（四）融合信息技术与学科知识，运用智慧体育教学手段。

教育现代化、智慧化建设与信息技术的快速发展密不可分，2018年教育部发布的《教育信息化2.0行动计划》更是加快了体育教学的改革，云计算、人工智能、物联网、区块链等信息技术在体育教学领域的应用随处可见。智慧社会、智慧教育、智慧校园是大学体育教师不得不面对的现实问题，信息技术如何与体育教学进行结合成为提高课堂教学质量、展现教师教学艺术、提高学习兴趣的难题，智慧教学手段成为教学反馈、教学评价的重要方式，VR技术的即时反馈能够使学生在练习后即刻了解自己动作技术的优缺点，可穿戴设备可以让学生掌握运动全过程的运动负荷状况、运动能量的消耗等，教师在进行运动技术的讲解前学生可能已经通过在线课程、MOOC资源等已经进行了很好的学习，这些问题都需要大学体育教师很好的学习信息技术并将信息技术应用到大学体育教学中。

五、结束语

互联网＋教育加快了体育教育信息化建设的步伐，现代信息技术已经广泛应用到体育教育教学中的各个环节，大学体育在高等教育变轨超车、金课建设中积极落实立德树人的根本任务，培养德智体美劳全面发展的社会主义建设者和接班人，大学体育教师应该适应新时代的要求，努力提高自身的知识和能力，运用自身的教学魅力和扎实的学识来影响、教育年轻的大学生，通过灵活多样的课堂教学、竞赛组织、负荷变化等来吸引大学生参与体育锻炼的积极性，培养大学生参与体育运动锻炼的兴趣，并养成终身体育锻炼的习惯，通过优秀传统体育文化的传授，启迪大学生对于担当民族复兴大任的历史使命感，在健康、健身、运动知识的传授中让学生健康管理和科学健身，积极参与到健康中国行动计划中，为教育强国、体育强国建设增砖添瓦。

第三节　大学体育教学团队建设困境与改善途径

本节采用文献资料、问卷调查、专家访谈等方法对大学体育教学团队建设过程中遇到的诸多现实困境进行分析研究，从而提出切实可行的对策与改善的途径，为大学体育教学团队的建设提供理论参考和借鉴意义。

一、前言

随着我国高等教育的改革发展进入"深水区"，寻求最优化教学效果的改革与探索也愈发的活跃，大学体育教学不例外。2012年《全面提高高等教育质量的若干意见》提出：要完善高校教研室、教学团队、课程组等基层教学组织建设，高水平教学团队建设成为高校教育教学质量的保障。近年来，高校教学团队的发展在理论与实践上都取得了不小的成绩，但以全民健康教育为导向，以终生体育为目标，以大学体育教学科研为主要内容的基层教学团队在高校的建设与发展中依然还面临着前所未有的挑战和许多亟待解决的问题，需要引起体育教育工作者的冷静反思与理性审视。

二、大学体育教学团队建设的困境

（一）体育教师分工协作意识淡薄。

近年来，在素质教育的倡导下，大学生需要掌握的运动知识与技能越来越多元化，并且信息化时代的到来，体育教学过程更为复杂，这就对体育教学的内容、体育教学的组织形式，体育教师的综合素质能力提出了更高的要求。因此，传统的体育教学方式很难再满足教学的要求，体育教师靠单兵作战难以承受教学、科研与技术前沿的压力，因而迫切需要建立以各运动专项为主要内容的体育教学团队，进行分工协作资源共享，相互协作共同发展。目前大学体育教师受其职业特点的影响和现实条件的制约，每个体育教师都有自己运动专项的教学任务，工作的自主性很强，自由发挥的空间很广阔，这有利于体育教师形成独特的教学风格，但也容易使体育教师之间缺乏不合作意识，缺乏团队协作精神，完全是依靠个人的知识水平和教学技能，有的体育教师甚至过高的评价自己的贡献，而忽视和否定其他体育教师的配合作用，或者只顾完成自己承担的教学任务，而不顾其他体育教师教育任务的完成。这些诸多负面的主观意识都将阻碍体育教学团队的建设。

（二）学校政策对体育教学团队支持的力度不够。

体育教学团队能否有效建立，关键是能不能有一套有利于体育教学团队发展的政策和制度环境。而在目前阶段，一方面高校都存在"重科研、轻教学"的政策现象，对于像大学公共体育课，没有科研量产出的教学单位重视程度不言而喻，对体育教学团队的政策支持略显微弱。另一方面虽然对高校教学、科研职能进行了组织结构上的调整和改革，但对基层教学团队的建设的重视没有得到根本转变。通过调查发现：目前大部分高校只重视国家级教学团队的建设，而基层教学团队也只是形式上的存在。其中国家级教学团队有教育部、财政部的资助，学校也会给予部分补助和关注，而基层教学团的资助几乎为零，也没有其他相应配套的扶持，大多数高校对基层教学团队的发展前景还只是在观望。可见，在没有学校领导、相关部门政策的支持，大学体育教学团队建设道路充满荆棘，从而抑制了高校体育教学团队的建设。

（三）高校的考评机制阻碍体育教学团队的建设。

目前，绝大多数高校对体育教师的评估和考核往往都只关注个人成绩，论文看第一作者，课题看课题负责人，教材看主编，教学业绩考核更是看个人教学任务完成情况，无视其他合作者甚至的贡献。这种传统的个人绩效评价、个人激励等制度不但不鼓励体育教师间的合作，而且还会起到相反的导向作用，严重制约了体育教学团队的建设。并且高校体育教师的考核和职称的评定，科研成果所占的权重比较大。因此那些教学业绩一般，但是科研成果比较出众的教师往往在绩效考评中可以获得好评。而那些花大量精力和时间在教学上的体育教师，虽然科研成果较少，但是在绩效考评中却不被认可。这样的一种情况下，体育教师显然会转变态度，把注意力集中在科研身上，这也导致了体育教学团队的组建对于体育教师而言没有什么实际意义，导致对体育教学团队的建设积极性不高。

三、大学体育教学团队建设的改善途径

为破解上述困境，促进大学体育教学团队的建设，建立有效的教学团队合作的机制，建立教学共同体，推动教学和课程改革，提高教学质量，我们在科学分析的基础上采取了以下措施，取得了较好成效。

（一）激活体育教师合作意识，营造合作氛围。

建设优秀的体育教学团队，首先要激活体育教师合作意识，转变体育教师的工作观念，鼓励和支持体育教师之间的互动与合作，努力营造浓重的合作氛围。体育教学团队内部要营造和谐互信的环境，团队成员之间相互交流，每个人都能找到自己在团队中的位置，都乐于为体育教学团队的发展做出贡献。其次体育教学团队负责人的遴选要充分考虑其教学科研能力，能够投入教学团队管理的精力，可加大对其培养的力度，不断提高其组织管理能力与自身影响力。再次，体育教学团队的建立要包容各种性格的人，每一位团队成员在教学团队中既承担功能又扮演角色，要在功能与角色中找到平衡。

（二）要建立健全体育教师团队建设的各项规章制度。

体育教师团队的建设既需要学校各项政策支持，又需要明晰、准确、科学、完善、合理的制度体系。因此，首先必须改革和完善我国高等院校内部的权力配置模式，确立行政权力和学术权力适当分离的原则，赋予体育教学团队权力地位，扩大教学团队管理自主权，如教学改革的自主权、经费与体育教师资源的使用权等。在体育教学改革目标与模式确定之后，体育教学改革的进程不受外界干预，学校只通过定期的教学评估检测其成效，从而为体育教学改革营造相对自主的氛围。第二体育教学团队的建设还要建立学生评教机制，建立学校评价、学生评价以及团队内部自我评价相结合的制度，为教学团队的可持续发展提供良好的运行机制保障。第三，学校管理层要转变角色和工作方式，从发号施令者变换为体育教学团队服务者，为加强体育教学团队的建设提供制度保障、技术指导和资金支持。

（三）要重点设计合理的体育教学团队运行激励体制。

要顺利组建体育教学团队，发挥体育教学团队的作用，必须改革现有评价体系，努力营造一种支持型团队环境，建立健全体育教学团队管理体制，实行团队负责制，赋予相应的职责权利，完善团队考核激励体系，架构专业教学团队之间的沟通平台，让体育教学团队有一个良好的环境组织团队工作。在考核机制方面，要由重视个人业绩的绩效考核向更加重视团队长期价值的绩效考核转变。由重视过程管理向更加重视目标管理转变，由重视年度考核向更加重视聘期考核转变，鼓励教师加入教学团队，并致力于团队目标的实现。在团队建设中，不断完善团队管理的规章制度，使团队导向的绩效评价更科学、更公平。

四、小结

大学体育教学团队作为一种新的体育教学组织形式，其建立和发展任重而道远。以育人为主要目标的前提下，大学体育教学团队建设关系到体育课程建设、体育教学改革、体育教师培养等多个环节，能够对体育课教学质量和教师队伍的优化起到有效的促进作用，更是提高高校人才培养质量的必然选择。因此，高校要基于当前体育教学团队建设中存在的主要问题从内涵上提高体育教师思想认识、增加体育教学方面投入外，还需要创设良好的内外部环境，从长远发展的战略高度来加强体育教师团队的建设。

第四节　大学体育教师的改革

新的课程改革和标准实施以来　，各门学科都变化较大，不论是从教学方法还是从教学手段，教学理念上，都与前几年有了鲜明的变化，本文就新课改下的体育教学进行了相关探讨。

新课改实施以后，特别提倡发展学生的个性，给学生一个良好的环境，让学生在良好的环境中成长，体育课也不例外。教师和学生要尽快地适应课程改革，本人结合自己的教学实践谈几点看法：

一、在课上要培养学生的兴趣爱好设计丰富多彩的游戏。

兴趣是一个人完成某项任务或活动的内部驱动力。在设计活动时，坚持趣味性原则更显其重要。设计的活动内容丰富多彩、有趣味，学生才会有兴趣，才会积极参与，克服困难坚持下来。例如斗鸡游戏活动时，设计成学生喜欢的柔道的情景，学生们活动的兴趣就会大大提高，否则枯燥的斗鸡活动会令学生们感到乏味。

二、体育课上教师要制造紧张气氛，让学生在紧迫中锻炼。

在课堂上适当地给学生紧张气氛会使学生有紧迫感，从而更加积极地完成课上的活动内容。例如接力比赛的活动可以促进学生活动的积极性，和团结协作精神，如台阶游戏设计成《消防员抢险》活动，让学生在警报声响起后紧急救火抢救物资的情境中积极投入到活动中；会让学生在紧迫感中努力完成课上的活动内容，提高活动的坚持性。

三、教师在课上要合理的运用语言激励

教师对学生的赞许可以用无数的词语来表达自己的态度和情感，要避免对学生简单地说"好"或"很好"，否则会使学生心理上得不到满足。教师可以说："你的动作非常好，我很喜欢"，"大家来看XXX同学的上篮动作他做得真棒！""老师相信，你也做得很好，等语言进行激励。这样不仅可以增强教师和学生间的友谊，更有利于激励学生学习的积极性，使学生在课堂上参与人数较多培养了学生自觉锻炼身体的习惯。

四、教师适当应用身体语言的激励

当学生们在活动中表现得出色时，教师对他们微笑、点头、竖起大拇指等非言语性动作奖励将会给学生莫大的鼓舞；教师经常走近学生身边拍拍他的肩，摸摸他的头，对学生表示出一种无声的赏识和赞扬；在活动中教师经常注意用视线接触学生，告诉他们老师在注意他们等方法，对提高学生活动的积极性都有一定的激励作用。

五、教师在教学中要灵活运用各种教法和学法

新课程强调教学过程是师生交往，共同发展的互动过程，在教学过程中要处理好传授知识与培养能力的关系，注意培养学生的独立性和自动性，引导学生探究，在自主学习中培养独立思考能力，探究学习中培养解决问题能力，学习提高合作交流的能力，体育教学方法层出不穷，有情景教学法、愉快教学法、游戏竞赛法、成功教学法、创造思维法、兴趣教学法等，从而改变单一的传授式教学法，在教学实践中灵活运用各种教法和学法，是新课改对教师的基本要求。

六、教师在课堂教学过程的变化

当教师以知识技能作为传授重点的时候，传授过程是将知识、技能分解，并从部分到整体、有组织地加以呈现，学生通过观察、练习，再现教师所传授的知识技能。教师在教学过程是让学生在活动中发现问题，引导学生去解决问题，监测学生在解决问题后的反思。教师参与学生开放式的活动、引导学生掌握真正的学习方法和步骤。教师在课堂的位置，将不再是固定位置——讲解、示范，而是在操场上和学生一起活动，与学生一起感受运动的喜悦。

结束语：

在新课改下的体育教学中，教师扮演着引路人的角色，主要不在于讲授知识，而是在于激发学生的学习动机，唤起学生的求知欲望，让他们兴趣盎然地参与到教学过程中来获得成功的体验和享受运动的乐趣，也让教师从教学实践中充分展示自己的才能，获得教学成功的喜悦。

第四章 大学体育教学中"差异化教学"

大学体育教育针对"以人为本"的教育思想，提出"注重大学个体差异和需求不同，保证每个大学生得到提高"的主张，突出了大学体育教育中差异教学的作用所在。但是，在实际的教学当中，还有很多大学体育老师关于如何进行差异教学显得无所适从。大学体育课程教学，根据教学科学"十五"规划相关要求，应该明确课程差异化教学的重要性，积极落实差异化教学的相关要求，同时，教师要更多关注学生的个体差异性，也要更多地关注学生兴趣、爱好，从学生视角出发，制定不同的教学对策、选择不同的教学方法，让学生能够更好地发挥自己的优势和价值，并能够主动参与体育学习。

第一节 体育对于大学生发展个性的重要性

当前大学生是一个国家未来的希望，是民族的自豪。学习是大学生的主要任务，但是，没有健全的体魄，学习便无从谈起。随着时代的发展，人们对于体育的理解已经上升到了一定的阶段，它不仅仅是强身健体的渠道，更是素质教育的体现。教育的本质特征是培养和造就德、智、体 全面发展的、有着鲜明个性的社会需要的合格人才。在促进人的全面发展的过程中，作为教育的有机组成部分，体育在促进学生的个性发展和社会化方面的功能是不可替代的。从长远的角度来看，现代社会不再只需要学习型的人才，社会的发展对人的素质提出了更高的要求，良好的个性品质是人才素质诸因素中不可缺少的一部分，是个体适应社会和选择社会的必备条件。所以个性也逐渐地被人们所重视，怎么样成为一个社会经济发展需要的人才，是当前教育方向的一大难题。

培养具有创新精神、创新能力的高素质人才已成为当今的教育方向。素质教育提倡发展学生的个性。在教育事业的蓬勃发展和教学改革的进一步深化的今天，个性的培养和发展越来越被重视。教育家基夫说："个性化教育是一种以学生的个性特征为基础，在有组织的教育环境中开展有效的教育实践。""应培养人的自我生存能力，促进人的个性的全面和谐发展，并把之作为当代教育的宗旨。"可见个性化教育是当前教育的一种趋势。

大学生实现素质教育是当代教育教学改革的目标。素质教育要求"以人为本"，即要求教育应重视学生的个性特点，培养具有独立个性的全面发展的人才。大学体育教学面对的是即将步入社会的学生群体，怎样在学校体育教育的最后阶段既能完成各种教学活动，又能发展学生的个性，是每一位从事大学体育教育教学活动的教师都应思考的问题。

一、大学生的个性特点

大学生年龄的增长和身心的成熟，使其个性也愈加鲜明，独立意识更强。主要表现在：首先，其个性具有可塑性。虽然大学生处于个性发展的后期阶段，但由于一个人个性的形成是由先天因素和后天教育共同作用的结果，它的形成是一个渐进和发展的过程，因此大学生个性的可塑性仍然很强，有很大的发展空间。其次，其个性具有外向性。大学教育的多样性、自主性教育模式使学生在漫长的应试教育下蛰伏的个性翅膀在大学阶段得以舒展和释放。且由于大学生心理和生理已渐成熟，因而其个性多为外向性，他们更愿意与各种活动中展示自我。再次，其个性具有多样性。因个体的成长环境，先天素质，教育环境的不同而显示了多样性。最后，自身的个性结构也存在积极与消极，进步与落后并存等多层次性。这些个性特点都要求高校体育教师在教学中予以重视。

二、校体育教育对大学生个性发展的作用

（一）体育教育对增强大学生意志品质的作用

体育教育有别于其他学科的教育，具有其自身的独特性，即它可通过各种方式和活动强健学生的体魄，教会学生如何面对压力，增强克服困难的意志力。体育教学既有利于建立学生间的良好人际关系，又能避免学生的孤独感和人格偏差，增强学生的社会适应力，培养和发展学生的个性。任何一种比赛，参与者都可能不知不觉地受到竞赛特有规律和气氛的感染。体育教学中的竞赛还能最大限度地挖掘出学生的潜能，使他们的意志力、自制力等品质得到锻炼，有利于学生克服其个性中的消极、落后、畏难等不利因素，增加勇敢、顽强、果敢等意志品质，增加学生的进取心、自信心，形成积极健康上进的心态和良好个性。

（二）体育教育对大学生心理健康的作用

现代健康的人的标准不仅仅指身体的健康，还包括心理的健康。高校体育教育在大学生心理健康方面能发挥不可估量的作用。心理健康的标准是在理解自我的基础上能够接受他人，与他人和谐相处；正视和接受现实；热爱生活；能适当地表达情绪；具有健全的人格，等等。高校体育教学能通过各种教学和竞赛活动培养学生形成明确的学习和生活目标，形成果断、坚韧、自信等意志品质；能帮助学生克服消极、畏难情绪和不良习惯、不良欲望等，进而形成积极健康的心理。在活动中人们的交往较为直接、随意，并在一种友爱的气氛中进行，很容易消除学生交往的紧张心理，因此这种游戏群体使学生个体所参与的脱离家庭以外的、最初的借以学习生活知识和技能并得到个性方面陶冶的社会群体。因此，学生通过游戏群体及活动能扩大交往　的范围及其与周围生活的联系，进而增大个人

从外界获得各种对自己有意义的信息和机会，扩大知识面，促进智力的发展，并在游戏竞争中培养对待别人的态度。

（三）体育教育对学生社会性的作用

大学生作为即将步入社会一个学生群体，对其社会适应能力的培养是所有学科教师义不 容辞的责任。体育教育教学活动恰好能提供培养学生社会适应力的良好教育环境。因为，体育教学活动本身就需要在群体环境中进行，学生在教学活动中容易进行沟通，其交往形式也通常自由而随意，同时课堂和谐的气氛也有助于消除学生在交往过程中产生的紧张心理。体育教学既有利于建立学生间的良好人际关系，又能避免学生的孤独感和人格偏差，增强学生的社会适应力，培养和发展学生的个性。任何一种比赛，参与者都可能不知不觉地受到竞赛特有规律和气氛的感染，当发现自己处于不利地位时，那种渴望胜利和荣誉的心理，以及改善场上处境所做出的努力过程，无疑对培养学生坚强意志和对环境的适应能力都是很好 的锻炼。学生个性发展即为创造性的确立人格的过程。体育作为学生早期社会化的实践方式 之一，对学生的创造性特征起着培养和促进性作用。

在体育运动中，青少年有较为广泛的社会交往和人际关系。"个性是社会关系的产物"。社会学调查证明，经常参与体育运动的青少年比一般学生要参加更多的社会活动和社会组织，他们有着更强的社会适应性。而在这些社会活动中，青少年的个性可以得到充分的调整和发展。

体育是伴随我们终生的一项活动。除了职业以外，体育运动与人的密切程度常常超过其他活动，因此它对人的个性的塑造是长久的和起稳定作用的。一方面，个性有选择活动的作用，比如性格积极的学生比消极的学生爱好运动，每周平均进行体育运动的时间也多。另一方面，运动又在改造着个性，尤其对人的性格、意志、情感等心理特征和观察判断、思维等智力都起着重要的积极作用。所以体育运动在塑造学生个性发展上有着不可替代的积极作用，我们不可忽视。加强对校园体育文化的引导、教育和管理的力度，积极举办高校体育文化节等以学生为主体的活动，使之与主文化相互作用、相互渗透、相互协调，可以形成具有活力的校园体育文化，为大学生的个性发展创造良好的环境氛围。在高校体育改革、创新的过程中，我们要用前瞻性的眼光对待高校体育，应该确立"为大学生终身受益奠基，为新世纪科技竞争育人"的理念来探索、实践高校体育。

第二节　大学中"专项体育"和"兴趣体育"

本文采取文献资料法与日常教学，分析了大学体育教学的现状和发展方向。研究认为，目前的兴趣体育即俱乐部体育教学模式，不能适应市场经济对人才的需要，必须探讨新的即体育教学模式。笔者在几年的实践中发现，俱乐部体育教学模式有很多的不足，所以应寻求建立高校体育教学新模式，即"兴趣体育和专项体育"相结合的教学模式。

兴趣体育就是大家喜闻乐见的，学生感兴趣的篮球、排球、足球、乒乓球、羽毛球等体育项目。专项体育就是根据各学院专业特点安排的特殊工种的体育教学内容，例如医学院学的太极拳、太极剑、运动医学、运动心理学。健康第一，以健、美、乐、专为教学目标，是大学体育教学改革的指导思想。体育教学根据学生所学专业特点和兴趣，安排相应的"兴趣体育和专项体育"教学，是体育教学改革指导思想的具体体现，是学校体育和社会体育的有机融合。

一、"兴趣体育"的优势

（一）以人为本,贴近学生"兴趣体育和专项体育"教学相结合。

体育教学更贴近学生的实际需要，有利于缓解教与学的矛盾，会使基础差的学生明白，当今社会科学技术的迅猛发展和信息技术为主导的新技术革命的兴起，必将引起社会生产和社会生活的巨大变革。

"适者生存，优胜劣汰"是当今社会永恒的竞争法则。为适应社会的变革与发展，培养跨世纪的优秀人才，必须重视体育在培养知识复合型、思想开放型以及能力综合型人才方面的重要作用。大学体育教学应实现体育的社会化、终身化、生活化、多元化、个性化、市场化。基础差的学生思想通了，上课就有了动力。第一学期突出兴趣体育教学；第二学期突出专项体育教学，培养学生独立进行体育锻炼的能力和经常进行体育锻炼的习惯，使他们毕业走上社会后，能够更好地根据自己的专业特点进行身体锻炼，并充当家庭和社会体育锻炼的倡导者。"兴趣体育和专项体育"相结合教学，体现了体育的社会化、终身化、生活化、多元化、个性化、市场化，使学校体育与社会体育相融合，贴近学生，为学生专业服务。

（二）专业固定便于管理"兴趣体育和专项体育"教学相结合，解决了体育教学中"学生散、组织难"的矛盾。

以学院内独立的专业班级为单位上课，班级行政体制相对存在，学生干部和辅导员相对固定，教学的组织管理难度就会降低，就为体育课教学改革提供了体制保证。班级和专业相对固定，学生成绩的录入和体育教学效果的评估分析也会相对合理、完善。

（三）个性发展培养能力"兴趣体育和专项体育"教学相结合，使高校体育教学顺利地与社会体育相融合，又突出了高校体育的特点，符合大学生身心发展的规律。

应注重体育教学的理论性、文化性、娱乐性、生活性、实用性的特点，充分满足学生的需求和兴趣，使体育技能和学生的专业技能相融合；使体育基础知识为他们追求体育文化的要求服务；使健身理论和方法的掌握为学生专业发展服务。

（四）"兴趣体育与专项体育"教学有机结合，还能培养学生的"四自"能力。

1. 自学。学生了解了"兴趣体育和专项体育"教学相结合是为学生终身体育和毕业后所从事的专业工作服务，就会自觉地学习有关"兴趣体育和专项体育"相结合的体育锻炼知识和方法；结合环境和自身专业特点，制定锻炼计划和训练方案；经常持久地锻炼，养成终身锻炼身体的好习惯。

2. 自炼。学生能把所学的"兴趣体育和专项体育"相结合的体育知识、技术和方法综合运用到体育锻炼和专业工作中去，使自炼活动成为日常生活、工作、学习中不可缺少的一部分。

3. 自调。学生在"兴趣体育和专项体育"相结合的身体锻炼中，能够根据自己的身体条件，健康水平以及专业特点，合理安排运动项目、运动强度及运动的时间，并能进行自我调节。

4. 自控。学生明白"兴趣体育和专项体育"相结合有利于自己的身体发展和专业学习后，执行锻炼计划的自我控制力明显增强。学生在身体锻炼效果自我评价基础上不断修正并实施锻炼计划，提高身体素质和适应日后工作环境的能力，身体锻炼会逐步走上良性发展的轨道。

二、"兴趣体育和专项体育"教学内容的设定

体育教学内容应根据学生所学专业特点和学生兴趣，安排不同的教学内容。以学院内独立的专业班级为上课单位应使学生所学专业和体育教学内容相融合。机电、交通工程、电子信息学院在进行"兴趣体育和专项体育"教学中可增加上下肢力量、手指的灵巧性训练，增加运动训练学理论知识的讲授。生物化工、经济管理、旅游管理学院可增加体育舞蹈和形体创编理论教学。各学院体育教学内容如下：

1. 医学院：除学生感兴趣的篮球、排球、乒乓球、羽毛球、形体等公共体育课外，还应该增加医疗体育的太极拳、太极剑、运动医学、运动心理学内容。

2.机电工程学院、电子信息学院、交通工程学院：除学生感兴趣的篮球、排球、足球、乒乓球、羽毛球等公共体育课外，还应该增加学生上下肢力量和手指的灵巧性的训练内容，包括俯卧撑、引体向上、手旋双球或三球、哑铃、杠铃的练习，增加运动训练学理论知识的讲授。

3.生物化工、经济管理、旅游管理学院：除学生感兴趣的篮球、排球、足球、乒乓球、羽毛球等公共体育课外，还应该增加体育舞蹈、形体、协调性身体素质练习及体育舞蹈和形体的创编理论教学。

三、"兴趣体育和专项体育"教学成绩的考核与评定

兴趣体育和专项体育，既独立，又相互关联，互相作用。学生体育锻炼能力的培养，在教学中分两个过程，即"教与学"和"学和用"的过程。教学中应注意强调体育知识的传授，让学生了解和掌握人体运动变化规律，使学生懂得科学锻炼的原理、方法以及体育锻炼对人体产生的影响。学校体育要为终身体育打好基础，关键就是要培养和提高学生的体育能力，就是学生的"兴趣体育和专项体育"能力。采用以学生所学专业为主体的教学组织形式，从教师"讲授"为主转向教师的"引导"与学生的"互动"相结合。应重视课堂教学的指导性和启发性，引导学生科学地锻炼身体，从而形成"要我练"为"我要练"的教学局面，使"兴趣体育和专项体育"有机结合，切实为学生专业服务。考核评价作为一种教学手段，直接影响学生的积极性。美国、日本、德国等国体育考核标准主要侧重将学生的努力程度、学习态度、进步及提高情况作为主要考核因素，侧重于增强学生的信心，提高学生学习的自觉性。目前，我们实行的达标与技术考核却扼杀了学生的个体差异、体质差异，把丰富多彩的体育简化为枯燥乏味的速度、力量和耐力的考评。因此，大学体育课的考核要学习国外的先进经验，注意过程评

价与结果评价的关系，使绝对评价与相对评价相结合。

"兴趣体育和专项体育"相结合的锻炼知识技能，既要重视统一的绝对评价，又要注意到每个学生是否在原有基础上有所提高的相对评价。以学生为主体，就要求我们制定的目标要适应千差万别的学生，而不是千差万别的学生去适应同一个目标。在体育教学中，要引导学生制定自我比较目标，尽量不制定与他人比较的目标，把学生的努力程度、学习态度、进步和提高情况作为重要考核因素，具体的评价标准应根据学生实际情况而定。

第三节　大学体育课堂差异化教学探析

素质教育施行之下，再加上当代学生的思想观念发生了极大转变，所以在当代教学过程中，以人为本的教育理念必须要深入贯彻落实。在教学中的以人为本指的是注重学生发展的个体差异和需求，在大学教学过程当中根据学生不同的学习能力和个人情况进行差异化教学。本文通过对在大学体育教学中实行差异教学产生的重要影响作为入手点。分析探讨在实际教学过程当中应该采取怎样的措施来切实保障差异化教学能够有效实施下去。

差异教学指的是老师在进行教学的过程当中，根据学生个体化差异作为教学的依据，整合老师在教学过程中的教学内容，目标，方法，手段等等来综合调控教学进度，以最大限度去满足不同的学生对知识的接受能力。让学生以本身最适合自己的学习方法去接受知识学习，从而满足不同学生实际学习需要，促使学生在学习过程当中的成长和发展。大学体育是教学系统当中十分重要的科目，在大学课程结构当中有着极其重要的地位，体育在教学课程中与其他科目有着很大区别，它的趣味性和健身性是其他学科难以具备的，这就让教育工作者教学中多一重思考，大学体育进行差异化教学也是十分值得注意的。

一、大学体育差异化教学对提升大学生体育学习效率的积极意义

（一）塑造多样化教学模式帮助学生深入了解课程内容。

有一句俗语说世界上没有完全相同树叶，同样世界上也没有完全相同的个人。人与人之间的差异性是我们不得不承认的，所以对学生采取相同的模式进行教学的时候会产生不同的效果。在传统的教学方法当中，老师不顾学生之间的区别差异，在教学的过程当中笼统的采用同一种方法进行教学，久而久之，虽然老师有着丰富的经验，但是在学生身上体现出来的教学质量还是很差。传统的教学方法让一部分学生从中获益，但是更多的是让学生受到打击，感受到失败。为了在教学过程当中提升教学质量，老师不得不采取差异化教学，教师来对学生进行教学知识传授要区别对待每个人，大学体育老师必须正面面对学生之间的区别，包括他们对知识的接受能力，身体的素质差异等等，根据所教学生的具体差异情况设计出不同的教学方法，让每一个学生在教学当中充分发挥自己的特长优势，从而实现教学目标。这样做的好处就是能顾及到每一个学生的实际学习情况，使每一个学生在原来的基础上得到提升和发展，充分将教育公平性原则体现地淋漓尽致。大学体育在教学当中主要的学生差异会出现在运动技能、兴趣爱好上、身体素质，有时候学生的心理承受能力也会对学习产生影响，体育老师在教学过程当中实施差异化教学，首先要充分了解自己学生的区别有哪些方面，将这些特殊性问题了然于胸，再根据这些差异以教学目标为基础充分设计自己在教学当中的各个环节，以实现学生身体和心理协调健康发展。

（二）大学体育实行差异化教学可以提升课堂质量。

自古以来，在教学的过程老师实行的教学方法都是"一刀切"，无论什么样的学生他们都是采用相同的教学方法，千篇一律，毫无更新。这样的处理对学生是不公平的，特别是在体育教学活动过程当中，学生的身体素质是不一样的，这种教学方法只会造成学生对学习产生抵触。在大学体育教学过程当中，注重大学生之间的差异对于提高体育教学质量有着积极作用。一堂高效的体育课是让全体学生都能够从中获得益处，每个环节都能够充分地将学生的优势凸显，让每一位学生在实际体育学习中满足自己的需求并发展和进步，这样他们就会获得自信心，自尊心也能够得到维护。体育教学做出变革能够改变学生学习思路，强化教学质量，综合其他学科为社会培养出全素质人才。

（三）大学体育实行差异化教学可以塑造人文环境现代大学生由于受到新时代思想文化影响，追求个人独立的思想根深蒂固。

学习本该就是自愿而又有趣的活动，强扭的瓜不甜。大学体育差异化教学足以让学生感受到人文气息，营造出良好的学习氛围。学生在学习中能够充分将自己特长能力发挥出来，缺点不再遮遮掩掩谨防上课被老师挑中自己的短板进行活动，这种课堂势必会让学生提升学习积极性。老师体育教学充分利用学生个人优点进行教学，让学生在学习之间取长补短，实现个人综合素质提升，这正是大学生学习所需要的，也是塑造人文环境的必要途径。

二、差异化教学在体育教学中的实际应用措施

（一）对学生之间的差异做出科学化了解。

大学体育教学切实了解学生之间的差异是实行差异化教学的基础和前提。现在大学普遍存在着一种现象就是老师连本班级学生都不认识，老师很难去实际摸清每一个学生之间的差别，再加上老师所教的学生很多，更是很难在短时间内通过课堂教学将每一个学生的差别认识到位。老师在实际的教学活动中可以通过调查问卷，谈话以及体能测试、心理检测等等多种方法对学生的差异做出了解，通过统计数据来分析如何在教学过程当中将这些差异化问题融入教学目标和教学课程设计之中，以这些差异作为基础在体育教学当中做出一些特殊改变。教师要充分了解学生在学习上的技能、动机，他们能够适应的风格以及学生感兴趣的点，针对这些需求制定教学目标会在教学中达到事半功倍的效果。

（二）教学组织形式要具有灵活多样性。

教学当中最忌讳的就是教学形式是死板，特别是对大学生教学时，他们已经拥有了成熟的思想，会有一些自己的想法，老师要及时地听取这些学生真正的需求。进行教学需要以新的思维开辟全新的教学道路，在课堂上老师要根据学生提出的需求进行合理化教学组织形式变动。体育老师在进行教学的时候要紧密结合时代潮流，不断地通过现代化技术手段如互联网技术学习先进教学经验，为我所用。最常见的是采取小组教学和集体教学，当在进行分组的时候，老师可以根据某项标准作为基础而进行分组，具体的实施要根据现实的情况来定，这个并不是可以套用的。老师在教学的过程当中想要采取分组教学一定要注意小组的弹性设置，让小组成员流动起来实现学生之间的优势互补，取他人之长，补自己之短，实现多方面提升，这样能够充分地将教学的实质凸显出来。

（三）高效运行多种教学方法。

体育教学中尊重学生之间的差异为基础，在教学内容和教学目标的设置时要具有开放性和科学合理性。老师通过适当的方法进行传授，有助于学生在体育技能和学生身体素质等多个方面进行提升。对他们养成良好的体育锻炼习惯，培养优秀的心理健康素质，提升集体荣誉意识都有着十分重要的作用。由于学生之间的差异，老师不得不选用多种教学方法来满足学生学习需求。但即使教学方法再多，手段再全，在教学当中的主体依旧还是以学生为根本。老师为了能够满足不同学生的实际需求，在教学目标的设计过程当中可以分为多个层次和类型，激励学生通过自己的努力去达到既定的目标。

（四）课程设计具有挑战性和开放性。

在课堂正式开始之前老师会根据教学内容制定教学目标，规划本节课堂教学方法。传统教学目标单纯地为了完成课本教学内容而设计，目的也只是为了将知识内容传输给学生，对学生个人能力提升的实现涉及较少。老师想要通过差异化教学就必须采用挑战性目标，每位学生的学习能力是不同的，学校就是为了能够发现学生本身的缺点，实现自我突破。教学目标设计要为不同层次，不同类型的学生提供学习动力，这样既能够实现学生课堂知识掌握，又能够激发学习动力达到自我提升的目的。在实际课堂上，老师要根据学生实际接受情况适当调增方法思路，激励学生养成自己寻找学习目标的习惯。学生的思维是尚未被固化的，他们有很多自己的想法，课堂最忌讳单调无趣。老师在课堂教学手段运用时要具有开放性，让学生能够尽可能的散发自己思维，将自己能力通过多种途径展示出来，实现自己提升，找到学习自信心。

三、总结

在生活中我们最常见的现象是石料成雕，木料成栋，每一种材料都有自己独特的作用。在这里无论是石料还是木料都成了可用之才。老师的工作不是违背学生本身的自我发展方向，而是帮助学生在本身的发展方向上实现更进一步的提升。合理的利用学生自身的优点长处，培养学生成为栋梁之材。在大学体育教学当中，作为老师要充分地认识到不同学生的优点和缺点，帮助他们把长处发扬光大，缺点尽可能弥补，让同学们在发挥自己长处的同时实现自身素质的快速提升。这样就要求广大老师在教学中要特别注重差异化教学实施，采取有区别的教学方式。

第四节 大学体育教育与心理健康探讨

随着大学校园恶性伤人及学生自残事件不断增多，相关研究人员发现学生心理状况不佳甚至部分学生产生心理障碍，自此大学生心理健康教育开始走进人们视野并获得广泛关注。与此同时，国内各大高校也对自身开设课程及教育体制进行反思，并提升学生心理健康关注度。体育课程相较于其他课程而言教学方式更具开放性，对改善学生心理状况、强化学生心理素质及塑造学生良好心理品质都具有重要推动作用。因此，国内各大高校已逐步加大体育课程教育力度，促进学生心理健康发展。

一、体育教育对学生心理健康的重要作用

（一）调控学生情绪，消除心理障碍

人对自身情绪的调控能力可直接反映其心理健康状态，若学生情绪经常出现易急易怒或日常生活态度消极程度较高等其他情绪反常现象，则说明学生情绪调控能力较差或学生心理健康状态处于亚健康状态。体育教师可观察学生参与体育活动时的状态，如表情、行为等，从而在一定程度上判断学生心理健康状态。相关学者对体育活动进行研究发现，大部分人自身消极情绪如沮丧、压抑、紧张等非健康情绪均可通过参与体育锻炼得以发泄，从而使人心情愉悦，继而在一定程度上增强学生情绪调控能力，并消除学生心理障碍，促进学生心理健康发展。

（二）提升认知能力，适应社会活动

高校体育教师通过让学生参与体育锻炼，不仅可增强学生身体协调性、抒发自身消极情绪，同时还可提升学生社会认知能力并增强学生社会交际能力。其

次，从社会学角度出发体育活动也在一定程度上成为社会活动缩影。体育活动在进行时对社会生产、社会生活都具有不同程度的模拟，因此学生在体育活动中的精神状态往往是学生参与社会活动的精神状态。学生也通过感受体育活动的成功失败，加深自身对成功、失败的理解，从而强化学生心理接受能力，也可帮助学生树立正确的的价值观、人生观。

二、体育教育对学生心理健康的改进措施

（一）教学内容合理化

由于体育运动项目不同，对学生身体素质要求也各不相同。因此，体育教师应丰富体育教学内容，以满足不同学生的运动要求及心理需求。竞技体育具有技术结构较为复杂、对运动员身体素质要求较高等特点。因为大部分学生身体素质较弱，所以学生难以掌握体育运动技术要领，甚至会出现学生受伤等现象，导致学生对体育运动只能望而却步。因此教师在计划教学内容时，应以确保学生身体健康为主，同时适当降低体育运动难度，让学生参与体育运动时也能最大程度享受体育运动带来的乐趣。教师精简教学内容不仅可增加教学活动开展顺利程度，也可强化学生体育运动能力，同时也能让学生在体育活动中收获满足感、成就感，进而促进学生全面健康发展。

（二）教学形式多元化

体育教师在教学活动中应注重学生的主体地位，让学生最大化参与到教学活动中，将体育教学效果理想化。教师在改进教学形式时，应对学生的身体素质、运动水平等进行了解同时还应把握学生心理健康状态，方可加强学生对体育活动适应能力，进而实现通过体育教育促进学生心理健康状态良好发展的目的。其次，教师在体育教学规划时，应充分将学生心理因素、生理因素融合，尽可能对学生采取最适宜体育运动方式。体育教师可通过举办"课时短跑比赛""课时跳

高比赛"等体育竞技活动丰富体育教学形式，增强学生对体育运动的积极性与主动性。其次，教师也应引导学生如何突破自我。如学生100米短跑成绩为14s，教师应对其进行相应体育训练，提升其体育百米跑成绩。让学生突破自我同时加深自身价值理解，增强学生自信心，进而改善学生心理健康状态。

（三）教师素质全面化

教师因其职业特殊性，对教师整体素质也具有更高要求。教师应具有良好专业素质与良好道德素质，以此对学生言传身教，方可培养出"德智体美劳"全方面发展的优秀人才。因此，教师的心理健康状态可直接影响学生心理健康状态。所以，教师在教学活动中应向学生传达积极健康的学习生活心态，同时与学习生活态度消极的学生进行沟通，找出其原因予并及时疏导。除此之外，教师在教学活动中应时刻保持敬业精神，并对学生兴趣爱好、运动技能、个性差异进行全面了解，且始终贯彻因材施教的教育模式，促进学生身心健康全面发展。

三、结语

随着社会不断发展，社会竞争趋势也日益激烈，为确保学生专业知识及心理承受能力足以适应激烈的社会竞争，各大高校应在提升学生专业素质同时加强学生心理健康建设。国内各高校可通过强化体育教学，增加学生心理承受能力，提高学生情绪调控能力，进而促进学生心理健康良好发展。体育教师通过合理安排教学内容、改善教学形式等方式也在一定程度上促进学生良好价值观、人生观的树立，并借此推动学生良好个人品质的形成，使其在今后社会活动中具有较强的社会适应能力。

第五节 分层教学法在大学体育的运用

在素质教育观念的影响下，提高学生的综合能力已经成为大学教育的主要内容，体育是大学教育的主要学科，虽然体育学科在促进学生就业过程中不会有明显的体现，但是对于提高学生的身体素质具有重要作用。一直以来，大学教育都以应试教育为主，体育学科得不到应有的重视，因此教学过程中存在较多的问题和缺陷，随着教育改革的不断深入，这种传统的大学体育教学形式已经无法适应教育发展的实际要求。分层教学法在大学体育教学中的应用，提高了教学的针对性，对于提高学生身体素质也具有十分积极的作用。

一、分层教学法在大学体育教学中运用的积极意义

在大学体育教学实践中，受传统教育理念的深入影响，老师在教学实践中都是以提高学生的考试成绩作为教学的主要目标，一切教学计划的设计和实施也都围绕这一目标展开。另外，学校在评价教师教学质量的时候，学生的学习和考试成绩对于评价结果具有决定性的作用。因此，受多方面因素的共同影响，老师在教学过程中对于教学模式的创新和改进不够关注，课堂教学效率低。分层教学法在大学体育教学中的应用，可以改变传统教学模式存在的弊端，帮助学生更好地提升身体素质，对于提升大学体育教学质量具有重要作用。同时，随着教育形势的不断发展，在大学体育教学也面临着严峻的改革趋势，只有进行符合时代发展特点的变革，才能更好地适应当前教育的基本要求，更好地为学生以后的成长和发展服务。因此，在在大学体育教学实践中，各方面能力的培养逐渐成为教师关注的主要问题，这也是素质教育的大势所趋。因此，在大学体育教学中运用分层

教学法，符合当前课程改革发展和素质教育的本质要求，有利于学生综合素质的全面提升。

二、分层教学法在大学体育教学中应用时应该遵循的基本原则

（一）分层教学应该在符合体育教学大纲的前提下进行。

在当前的教育背景下，课程标准是经过相当长时间的教育实践总结和精炼出来的，符合当前教育发展的整体趋势和学生实际学习特点，是教学的重要参照，也是学科教学的目标和主要导向，对于指导教学实践具有至关重要的意义，中大学体育教学更是如此。因此，在大学体育教学中应用分层教学法时，应该在充分遵循教学大纲的基础上，对教学进行深入分析和研读，从而在课程标准要求的范围内，对教学计划进行针对性的调整，实施学习能力的培养，这样才能最大限度地发挥分层教学法的应有作用，实现教学质量的整体提升。如果不考虑课程教学标准，闭门造车的开展教学活动，势必会偏离正确的教学轨道，甚至将学生带入学习的误区，不仅浪费课堂教学资源，而且给学生以后的学习和发展带来较大的不利影响。

（二）分层教学应该尽量提升大学体育教学的趣味性。

不管处于哪个教育阶段，对于绝大多数学生来说，知识的趣味性是影响接受和理解程度的关键因素，因此，为了有效提高大学体育教学质量，培养学生的学习能力，注重提升教学的趣味性是非常重要的，这也是影响教学质量的关键因素。在传统的大学体育教学过程中，由于老师的课程压力较重，并且面临传统教学评价方式的不利影响，老师在教学过程中对于体育学科的重视程度不够，对于课堂趣味性的关注普遍较少，在这样的教学模式之下，要想提升教学质量是非常困难的。因此，老师在大学体育教学过程中应用分层教学法的过程中，应该对教学的趣味性给予重点关注，并且积极采取行之有效的方式，提升教学的趣味性，从而有效发挥分层教学法的预期作用，实现教学质量的提升。

（三）根据实际情况及时对分层教学措施进行调整。

随着各种全新的教学模式不断涌现出来，大学体育教学形式实现了优化升级，教学质量得到进一步完善，但是这些新型教学方法毕竟出现的时间不长，因此在教学过程中的应用尚且处于探索阶段。所以，为了能够最大限度地发挥分层教学法的预期作用，有效提升大学体育教学质量，应该在应用分层教学法的过程中注重一定的灵活性。也就是说，分层教学方法的应用，其根本目的在于帮助学生更好地接受和理解所学知识，提升教学质量，在教学实践中，老师应该对事先制定的教学计划进行动态调整，及时发现其中存在的问题，并且找出问题的根源并予以解决，促进分层教学法在大学体育教学中不断完善，从而真正发挥分层教学法的预期作用，达到提升大学体育教学质量的实际效果。

三、分层教学法在大学体育教学中的有效运用策略

（一）及时转变教学观念，对分层教学法给予足够重视。

一直以来，大学教育过程中都采取传统的灌输式教育形式，学生在课堂学习过程中一直处于被动接受知识的地位，学习的主动性和积极性得不到有效发挥，缺乏学习兴趣，这是当前大学体育教育普遍面临的问题。这种传统的教学理念和教学方式在一定程度上影响了大学体育教学。分层教学法强调的是实施针对性教育，让处于不同水平阶段的学生都能得到最适合的学习方式，建立学习的信心，从而达到提升教学质量的目的。因此，要想在大学体育教学中实施分层教学，老师首先应该更新这种传统的教学理念，树立良好的因材施教意识，将学生作为足球课堂的主体，在进行充分互动和沟通的基础上，了解学生的实际学习水平，掌握学生个性特点，从而制定具有针对性的体育教学计划，有效提升体育教学质量。

（二）利用分层教学法优化大学体育教学。

在传统教学模式之下，大学体育教学计划都是由老师独立设计完成的，所采用的也都是老师的角度，受应试教育观念的影响，传统大学体育教学计划过于注重理论知识的灌输，忽视学生综合能力的锻炼和培养，这对于学生综合素质的提升是非常不利的。在新的教育发展形势之下，为了更好地适应素质教育的基本要求，有效提升学生的综合能力，老师应该对大学体育教学计划进行重新调整，为分层教学法的运用制定一个相对明确的指导方向。除此之外，对于教学过程中发现的问题，老师应该对教学计划进行动态调整，促进大学体育教学计划不断优化升级，为分层教学法的运用提供良好的前提条件。

（三）进行科学的学习层次划分。

在大学体育教学中运用分层教学法的过程中，最为基础也是最重要的一步就是对学生进行学习层次的划分，这是保证分层教学有效开展的关键，因此，在教学实践中，老师应该对学生学习层次划分给予足够重视，可以说，科学合理的分层是分层教学法成功应用的一半。在具体的教学过程中，老师应该首先对学生进行深入了解，掌握学生的体育基础情况，有条件的大学还可以通过组织一次或者几次体育测试的方式，将测试的平均成绩作为学生体育综合水平的衡量标准。在此过程中，老师也可以结合学生平时在体育课堂上的表现，对学生的实际体育水平进行综合评估，然后根据评估结果对学生进行相应的层次划分，把体育基础较好，能力较强的学生分成一个层次，基础较差，跟不上老师正常讲课进度的学生划分为一个层次，一般的学生划分为一个层次，然后再根据不同层次的学生进行体育教学计划的针对性调整。

（四）根据学生实际学习情况，制定具有针对性的体育教学计划。

在划分完大学生的体育学习层次之后，就需要针对学生的实际学习水平进行教学计划的调整。对于体育基础水平较高，身体素质较强的学生，老师在教学计划的设定过程中就可以适当的设置一定难度，高于教学大纲的基本要求，从而在原有基础上进一步提升这些学生的体育水平和身体素质，有效促进学生更好发展。对于体育综合素质和基础水平较差，身体素质一般的学生，由于这些学生平时跟不上老师的讲课进度，因此在教学过程中老师应该适当地降低课程难度，重点进行基础的体育训练，夯实学生的体育基础水平，为以后的深入学习奠定坚实基础。通过这种形式，就可以使大学体育教学更加具有针对性，从而使不同基础水平的学生都能有所提升。

综上所述，分层教学法在大学体育教学中的运用，对于改变传统教育模式的缺陷，提升教学的整体质量，都具有十分积极的作用。所以在大学体育教学实践中，老师应该不断创新和改进分层教学法的应用形式，进行科学的层次划分，制定针对性的体育教学计划，促进分层教学在大学体育教学中有效运用，从而实现提升教学质量的预期作用。

第五章 大学体育教学课程改革新论

随着我国社会经济的不断发展，对大学生的综合素质要求也越来越高，其中身体素质就是非常重要的一个指标。而大学体育课程在提升学生身体素质方面、锻炼学生毅力等方面都发挥着重要作用。如何更好地完成大学体育课程改革就成了众多高校教师关注的话题。从实际教学来看，越来越多高校体育教师意识到传统的大学体育课程已经不能很好地适应社会对大学生的要求，尤其是将大学生培养成高素质人才的要求。传统的体育教学目标更多的关注于培养学生身体素质、提升学生身体素质，但是忽略了对学生核心素养的锻炼和培养。因此，众多高校体育教师提出了大学体育课程改革，并且在实际教学中进行了探索。

第一节 大学体育课程教学改革

大学体育是高校教育的重要组成部分，大学体育不能狭义地理解为仅仅是体育教学的问题，它是一项系统工程，渗透到了高校工作的方方面面，须将其放在高校教育的大系统中去，和学校各项工作融为一体方能更好地体现其优势，发挥其作用，并获得健康发展。

目前我园高校在校学生整体身体素质令人担忧，体质健康方面普遍存在着耐力差、心理素质低下、抗挫折能力弱等问题。究其原因，体育锻炼不够、睡眠不足、精神紧张被认为是造成学生体质健康状况不好的主要原因。由此可见，大学体育课程的教学改革与创新势在必行。改革的过程是一个革命的过程，学校体育的改革就要打破旧的体制结构、旧的教学模式，建立和完善新的体制结构、新的教学模式，以适应新时期学校体育的需要。大学体育是终身体育最关键时期，如何使每位学生在不断增长专业知识、专业技能的同时，也使体质得到增强，这是我们经常思考的问题，身体好是前提，也只有身体好才能使专业知识、技能运用于实践，造福于人类，因此说大学体育十分重要。

一、大学体育教学改革的基本思路

（一）强化体育意识。树立终身体育观。

学生的体育意识强弱直接影响着体育教学的效益和终身体育观的建立。长期以来，高校学生体育意识薄弱，要想改变此状况，首先要让学生体验到体育活动中的乐趣，激发起对体育学习的兴趣，寓教于乐。其次是在学校中营造体育氛围。使学生在潜移默化中受到教育。再次要改革高校体育竞赛的制度，增强小型多样、不同层次、不同水平、不同级别、不同项目的趣味比赛。智能与体力结合的比赛等。

（二）改革以竞技运动项目为主线的教材、教法体系。

现行的大学体育教学大纲，一是竞技运动项目过多，教材的难度较大。二是每项教材的技术要求过高、环节过细且各年级教材的重复现象严重，加之教材中多采用注入"填鸭式"教法，严重影响了学生上体育课的积极性。三是竞技运动项目对场地设施要求过高，大部分学校难以保旺，从而影响教学的质量和效果。

（三）转变教学观念。

传统体育教学过分强调教师的主导作用，忽略学生的主体作用，这种旧的体育教学观，不利于21世纪新型人才的培养。因此，在体育教学改革中。首先应当转变教师旧的教学指导思想，变被动式教学为主动式教学。主动式教学，就是教师的主导作用与学生的主体作用都能得到充分发挥，学生由消极被动变为积极主动。

（四）转移教学重点，着重提高学生的体育能力。

终身体育观的确立和全民健身计划的实施对高校学生提出更高的要求：除增强学生的体质外，还要培养学生的运动能力，使其学习科学的健身方法，达到体育自立。长期以来，我们的体育教学强调运动技术的精雕细刻，其教学重点实质上是传授和掌握运动技术，加之教材的难度较大，无法发挥其自主性。致使学生的自主活动能力较差。要改变此现状，教学中应把教学重点放在培养学生体育能力上，首先要求学生要动起来，在活动中激励学生乐学。然后通过乐教与乐学的结合，掌握体育知识、技能，提高学生体育能力。

二、大学体育教学改革的基本内容

（一）加强学习，更新观念。每个学校体育工作者都应加强自身的学习，不断更新观念。自觉参与学校体育改革，加强理论和实践研究。正确认识学校体育改革中所出现的矛盾和问题。

（二）建立和健全学校体育的组织管理体系。加强对学校体育改革的领导和监督，理顺、协调各环节、各方面的关系：排除各种外来的不利于学校体育改革的干扰因素：制订相应的措施和政策，保证学校体育改革的各项任务的贯彻落实。

（三）建立一套更有效的学校体育评价体系。学校体育的目标管理和评价体系，是学校体育改革的反馈通道，是学校体育的导向。应面向未来，面向全体学生制订一套更行之有效的评价体系。

（四）增加学校体育的投入。目前学校体育设施、师资条件已严重阻碍学校体育改革的深入。必须有具体的措施和政策保证提高师资的素质，增加对学校体育的投入，尽最大可能改善学校体育设施。

（五）实践"俱乐部"制的教学模式，体现"以人为本"的理念。为了提高和巩固课堂教学效果，实现课内教学与课外活动的有机结合，打破原系别、年级、班级的建制和性别的界限，根据教学课程及体育场馆和教师情况分设多个项目的俱乐部，每年学生根据自己的爱好选择一个项目上课，课后学生到俱乐部去参加锻炼和接受指导。这种模式将"学生所好"与"教师所长"相结合，课内外相结合，充分体现了"以人为本"的思想。

（六）推行"分层次教学"的模式，体现"健康第一"的指导思想。"健康第一"是学校体育的指导思想，而学生对体育的不同认识、不同水平、惰性等，使学生在体育的知识、技术、技能、体质、体能等方面均存在着很大的差异，对体育课要求和期望值也不相同，为了解决"吃不饱和吃不了"的问题，采用了"分层次教学"，更能激发学生主动、愉悦的学习热情。满足其兴趣要求。在学习中体现自我。同时，"分层次教学"也促使教师教学方法、手段必须多样化，这样方能驾驭教学，获得成功；以分层次教学、特长教学、兴趣教学为主线，注重因材施教，区别对待。注重能力培养，突出教学效果的实用性和终身性是当前高校体育教学改革的方向。

（七）倡导"围绕一个中心、强调两种学习、注重三项结合"，实现终身体育的最终目标。"围绕一个中心"，即以健康为中心；"强调两种学习"，是指强调科学健身方法的学习，强调科学健身理论的学习；"注重三项结合"，是指注重理论与实践的结合，注重课内教学与课外活动的结合，注重短期效应与终生锻炼相结合。这些体育教学思想通过教师在体育课中的贯彻，激发了学生参与体育活动的积极性，能从根本上改变学生"喜欢体育而又不喜欢上体育课"的状况，使体育课真正成为最受学生欢迎的课程之一。

三、结束语

大学体育是学校体育的最后阶段，面对日新月异的社会发展，大学体育必须顺应时代发展的潮流和大趋势。以新思想、新观念认真反思以往存在的弊端，重新认识自身的特点和价值，不断深化体育教育教学改革，建立起适应现代化和社会发展需要的体育课程新体系，以适应未来人才培养的需要。

第二节　将拓展训练引入大学体育课

随着现代高等教育的发展，加强体育工作，使得学生可以掌握基本的技能，养成良好的体育习惯，培养学生体育竞争意识受到人们的广泛关注。为了在高校中贯彻"健康第一"的体育思想，全面推进素质教育，拓展训练应运而生。因此，本文笔者主要简要介绍了拓展训练的起源、现状以及人类心理学的影响，并针对拓训练引入大学体育课堂提出自己的一些心得与体会。

在当前社会中的大学生，大多数都是独生子女，所以缺乏生活的历练，没有体会过艰辛、挫折和磨难的考验，缺乏吃苦耐劳的精神，同时心理承受能力也很匮乏。但是，当前社会环境的现状又是无时无刻、无处不在的充满着竞争。通过种种迹象可以看出，一个人的教育背景已经不能成为判断他是否成功的先决条件了。由此可见，拓展训练成为补充和开拓当前体育教学模式过程中必不可少的一项重要途径。

一、拓展训练的发展开端与当前形势

拓展训练在历史上最早开始于第二次世界大战时期，并由当时的强国——英国提出的。扩张（向外扩张）的最初目标只是单纯地想要船腹能够成为扬帆起航的安全港，并能持有一个积极勇敢的心态就此踏上征程，独当一面地应对所有面

临的未知挑战。大多数水手和水手失去了他们的生命，但总有少数人可以勇敢地自学或在灾难中伸出援助之手。慢慢地，很明显，那些被祝福的人并不是最强壮的。关键在于他们强烈的生存意识，让他们坚持自学，为生存的最后希望而努力。受此启发，一个人创办了一所生存训练学校，培养人们在危难时的生存技能和不屈不挠的战斗精神。战后，这种训练形式被保留下来，并扩展到管理心理学和其他领域。所谓开发性培训意思是说，在一定条件下，根据自身热度等状态并在宽阔的室外露天环境下，所设计的完整培训设施以及全面的课程体验。在课程设计上会根据不同组织机构和个人的心理承受能力和培训目的需要，通过专业培训师的专业引导进行培训开展。其中重点课程主要由体验拓展、感受自然、超越自我、团队合作、人才引进、领导管理、实现双赢等。上述这些课程大多是采用亲近大自然、户外室内相结合的培训锻炼形式进行开展的。截至目前，世界上有近100多所这样的学校，中国也有四五所这样的学校。

二、拓展训练课程的内容及对人的影响

（一）**个人项目的主要内容及所产生的心理反应**。本着所能承受最大范围的心理挑战和超强度体能消耗的观念，设计了个人场地训练方案。每一个言语动作都是对被采访者心理承受能力的一个很好的测试。最大的敌人是你自己。征服自己就是征服敌人。这种生活真的过得很好，让学员难忘。

1.10m高空单杠抓举意思是说，只要是能够在10m的高空勇于跳高，无论单杠抓举的表现是否尽如人意，都能获得满分的评分结果。这也从另一个角度告诉我们，在生活中，之前没有体验过或经历过的困难或者危险同样可以带给我们许多发人深省的重要意义，学会降低自己的懦弱，努力激发自己的潜能，攻克自己内心所谓的不可能、做不到。这个项目从分类上划分在个人挑战的行列，主要目的是让体验者对于当前事物的恐惧达到历史峰值，但是依然保持相信自己可以做到的心态。在进行高空空中单杠抓举的过程中，人们面对危险时的超常表现是对恐惧心理的重大突破，而这一项目也被广泛应用在大学体育课程拓展训练中。

2. 高空断桥项目主要是为了达到培训学员从根本上发现自我、挑战自我的目的。在不断克服心理压力的同时增强自信心，也在一定程度上提高学员控制能力和决断能力。从各方面达到预期效果，即增强自信心，敢于面对坚实的困难。高空断桥项目本身是需要一定的场所支持，也是危险性相对较高的项目，在实施过程中，学生必须充分信任团队，信任活动策划者，这也从侧面提升了学生团队合作意识和心理承受能力。

（二）小组项目及其对人们心理的影响。

小组项目的特点是复杂和困难。它对提高、唤醒人的合作意识和集体团队精神具有很强的针对性。

1. 生存（长城生存）场景设定在暴风雨即将来临的黄昏，你和冒险的伙伴们疲惫不堪地走出未知的峡谷去旅行。你必须想办法爬上去，避开前面的急流，然后你就会来到悬崖边，只有从悬崖上你才能爬上去。是每个人都要一起爬上去，还是每个人都要待在下面等待洪水？本次培训主要是为了让参加培训的学员能够了解并正确运用团队组织中的各个角色。为顺利完成团队的共同目标，需要借助于团队中每一位小组成员的共同努力，彼此之间相互鼓励给予支持，以此达到团队成员相互之间互帮互助，提升向心凝聚力。除此之外，站在小组成员个人角度上来说，注重个人奉献精神的培养以及解决实际问题能力的锻炼，不断推动集体的合作与进步。

2. 天梯等高空悬梯培训项目主要是在墙体维修意识培养方面有重要成效。在这个过程中，不仅使学员学到解决问题的方式方法，还能增强学员克服困难后自信心的建立。高空钢构件这类双重培训项目的施行是为了广泛增强小组成员相互沟通交流，注重培养团结互助的能力，特别是在危机环境的设定范围下，能够积极勇敢地探索所需各项要素，通过实践达到培训要求。

3.过河培训项目主要设定场景为探险队一瘸一拐地穿过大山,来到了同一边。不幸的是,昨天突如其来的洪水冲走了河上唯一的一座桥,只留下几座孤立的桥,上游的一家生化工厂也被洪水冲走了。面对只有过河,顺利抵达,才能够说攀登成功的高峰,体会胜利的滋味。与此同时,过河培训项目也考察了学员是否能做到合理规划,精准安排,充分发挥团队的智慧和合作的力量。

三、高校体育教学规划拓展训练的未来前景和展望

通过积极扩张实践的做法,继而使得非比寻常的情况显现。也就是在这样的场景中,让你发现自己平时关注不到意识的缺乏、盲点和潜力,使人强烈体验个人勇敢的成就感和集体的快乐感觉,这对人以后的工作和学习将起到正迁移作用,使人将会以更积极的态度面对未来的生活。体操以及各式各样的球类运动虽然也在一定程度上具有可调整的趋势,但是实际操作上缺乏演练。选择拓展训练的方式,在补充体育教学内容和功能等方面有显著成效,既增强了发展空间,也顺应当前社会一致认可的形势,即身体和心理两者和谐共处、协同发展。希望符合要求的高等学校设立延伸培训计划,使所有学生都能一次性参加培训。大学体育课程中引入拓展训练的目的是促进学生的综合发展,丰富体育课程的内容,利用丰富的拓展活动提高学生身体素质。因此,院校应该充分考虑团队的整体性,尽可能地让学生在训练中齐头并进,提高整体训练效果。

四、结语

总而言之,拓展训练作为一门新的体育课程,是对传统体育课程的补充,作为大学体育教师,应该充分结合学生实际情况,从实用性和趣味性的角度进行考量,对拓展训练进行有效优化,合理运用拓展训练自身所独有的包容性特征及蕴含挑战的特点不断增强学生学习兴趣,努力做到全方位提高学生各项基本素质,从而提高体育教学的数学效率,树立终身体育的理念。

第三节 大学体育教学方式转变分析

以微信和微博为代表的现代化媒介大面积应用于人们的生活当中，这说明互联网技术的普及程度越来越广，数字化技术的发展也取得了极为显著的进步。此时，越来越多的人开始通过传统领域与现代科技成果融合的方式对原有的行业和知识进行创新。例如，教学课堂当中利用现代化的设备可有效地丰富教学体系，使得教育课堂朝向多样化的方向发展。在新型的移动网络背景下，传统的教育模式及教学理念做出了极大的变革，这不仅对教学质量及教学水平的提高有极为重要的作用，也可真正落实素质教育，加快大学体育教学课堂与时代的对接速度，基于此，文章率先梳理了微学习的概念及特征，并对微学习在大学体育教学当中的应用进行了分析，希望为大学体育教学方式的转变提供有意义的借鉴。

一、引言

微时代是计算机网络技术高度发展的结果，也说明数字化技术的运用程度越来越高。在此背景下，人们的物质文化及精神文化都发生了较大的改变，人们也不再以固有的方式进行交流，而是以微信、微博和朋友圈等方式进行互动与沟通。大学体育教学同样要意识到时代发生的变化，紧追时代发展潮流，利用微学习理念开展全新的体育课堂教学，通过二者深度结合的方式改善传统教学中的弊端。微学习是一个新型的学习理念，具备创新性的特征。微学习的传播媒介及学习方式均不同以往，信息传播主要以智能手机和电脑等为媒介，而学习方式也越来越多的依靠移动设备，这进一步说明了微学习时代下大学体育教学方式发生的变化。此种教学方式不仅可以满足大学生在体育教学方面提出的多样化需求，还可从学习特征实现方式等多个角度入手，深入探究移动学习理念，为大学体育教学方式的转变做好准备。

二、微学习的概念与特征

（一）微学习的含义及理论基础。

从本质上说，微学习就是一种新型的教学方式，以利用先进的移动通信设备实现知识交互及信息资源整合为目标，为学生提供全新的教育服务，是提高教学质量的保障，也为微学习在教育教学领域的广泛应用打好了基础。经过一段时间的发展，大学生的学习方式已经从集体学习转变为个性化学习，现阶段已经成为以互联网技术为基础的小组学习，不久的将来，虚拟学习和无缝学习会成为大学生学习的主要方式，因此，无缝学习与大学体育教学的融合势在必行，该种学习方式具备十分强大的特征，无论是可访问性、主动性还是交互性，均优于其他方式，也体现出了无处不在的学习形式，不仅改变了传统大学体育教学的教学方法，也给学生带来了全新的体验。

（二）微学习的特征。

微学习具备十分鲜明的特点，而最为突出的就是学习效率大幅提升，相对于以往的信息传播媒介来说，微学习所应用的设备体积更小，携带更为方便，无论是信息传播速度还是信息传播质量均发生了较大的改变，这也是数字媒体信息传播最为鲜明的特征，使得学生的学习更加高效，表现出了个性化的特征。此外，微学习可将更多的教学教育资源有效的整合在一起，为学生提供更大的空间与平台，拓宽学生的眼界，以便学生利用网络随时随地的学习、巩固。此种教学方法不仅可以加深学生的理解与记忆，还可吸引学生的兴趣，使学生打破时间与空间的限制，自由安排学习时间，制定与自身情况相符的学习计划。

三、实现大学体育移动学习的路径

（一）基于短信息进行移动学习。

短信息作为最基本的一种方式应用于学生与教师之间的交流当中。现有的短信息有以下两种形式，分别为普通文字短信及彩信。短信息不仅可利用简单的文字传递有效的信息，还可利用图画或者更多更有趣的方式传递信息。此外，学校同样可以利用短信息通知学生参加某些活动，或以短信息的形式进行特定的问卷调查。在培养学生的专业知识技能方面，短信息发挥了极为重要的作用，不仅可以更加有效地吸引学生对所学知识的兴趣，还可让学生利用课余时间深刻地了解体育运动，从而爱上体育运动。

（二）基于实时信息交互进行的移动学习。

相对于微信交流而言，短信息交流需要投入一定的资金，大部分人在发送短信时都会觉得比较麻烦，而微信则是一个更好地交流平台，微信上的互动式聊天具备极为灵活的特征，教师和学生可利用微信的交互式特征及时的交流学习方法与学习经验，真正体现出微学习的及时性，这不仅对学生学习能力的提高有积极作用，也可让教师明确教学的不足，及时反思并改进教学方式，以更为轻松的状态完成大学体育教学，使得学生的学习质量及学习效率得到必要的保障。

四、微学习在大学体育教学中的应用实践

（一）转变学习方式。

微学习的出现，为大学体育教学方式的转变提供了全新的路径，也为其指明了方向，使得微学习与大学生体育项目学习更好地融合在一起。在固定的时间或者固定的场地进行教学训练是传统体育教学的唯一方法，也是其传述体育知识的主要途径，此种教学方法有利也有弊，虽然可以使学生掌握相关的操作技能和体育知识，但是学生的学习时间和空间却受到了极大的限制，而微学习的出现刚好

打破了这一僵局，不仅可以改变教学时间及教学场地固定的问题，还可使学生以自身需求为主自由安排学习时间。越来越多的事实告诉我们，微学习的出现可使传统的大学体育教学转变固有的教学方式，利用自身极为突出的优势培养学生的体育兴趣，使得学生的体魄得到充分的锻炼。

（二）培养学生兴趣。

大学体育教师在很长时间内都在使用传统的教学方法进行授课，落后的教学方式致使学生的学习兴趣及学习能力受到严重的打压，教学质量及教学效率长期偏低，即便是投入了大量的时间与精力也无法达成预期的效果。现代化社会科学技术及互联网技术的发展速度十分迅猛，传统教学方式的弊端日渐凸显。如何提高大学体育教学质量，转变大学体育教学方式，已经成为大学体育教师重点研究的问题。实际教学的过程中，不仅要激发学生的兴趣，使学生自觉自愿地参与到体育活动中，还要使学生明确体育学习的目标。而这些单纯地依靠课堂教学是无法实现的，教师还可利用方便交流的软件与学生进行沟通，详细了解学生课余时间的锻炼情况，帮助学生解决体育锻炼和运动过程中遇到的难题，培养师生之间的感情，这也是也是提高大学体育教学质量的重要举措。

五、微学习时代下大学体育教学方式的转变

（一）微学习教学理念的重要性大幅提升。

现有的微学习是以培养学生自主学习能力与自主学习意识为前提的。如果学生并不具备主观上的兴趣，即便是教师进行详细的讲解，还配合动作演示，都无法吸引学生的注意力，甚至会以一个局外人的角度看待整个体育课堂，并没有参与感。而微学习的教学理念刚好解决了这一问题，使得体育知识与学生的日常生活更加有效地融合在一起，真正意识到体育运动的重要性，并了解体育知识，主动参与体育运动，爱上体育运动。体育教师也要在课堂中突出学生的主导地位，给予学生适当的引导。不难发现，只有激发学生的学习兴趣，才能取得最为理想的教学效果。所以说微学习的教学理念更加符合学生的心理特征，是培养学生学习兴趣的重要手段，重要性不言而喻。

（二）微学习课程的制定。

真正开始体育教学之前，教师应进行充分的准备，综合考虑学生的特征及心理，制定详细的教学计划，确保体育教学与微学习方式以更加有效的方式结合在一起。实际制定教学计划时，还要保障制定的微学习方案可以吸引学生的兴趣，从而达成预定的目标。因此，制定微学习课程时也要考虑到实际情况，结合教学现状对其进行灵活的调整，确保微学习教育计划得到充分的优化与完善，并在实际教育过程中发挥应有的作用，真正达成转变教学方式的目标，切实落实全新的教育教学理念。

（三）开发体育资源。

如今，智能设备以及互联网技术已经广泛应用于生产生活的方方面面，大学生的生活同样与智能手机和社交软件之间密切相关。制定微学习计划时应考虑到学生的兴趣，从学生最感兴趣的内容着手，开发合理的微学习资源。首先。教师可利用信息资源及互联网技术搭建体育公共平台，使得学生利用该平台交流经验，并将与体育相关的知识及时的公布在体育公共平台上，以便学生随时查找。值得注意的是，这种新颖的教学方式无法在一天或两天内应用于大学体育教学当中，还要转变教师传统的教学理念，使其克服对新事物的排斥感。总之，微学习对于教育质量的提高有极为重要的作用，是改善大学体育教学方式的关键点。

六、结语

微时代的到来，给人们的工作方式及学习方式带来了极大的冲击。对于教育领域而言，微时代是不可多得的机遇，也是前所未有的挑战，只有利用微时代将传统的教学方法与现代资源有效地融合在一起，才能完成教学方式及教学模式的转变，切实落实素质教育，提高教学质量，为我国教育事业的发展贡献力量。大学体育教学同样面对体育教学理念及教学方式过于传统的问题，要想改善上述局面，必须善于应用微学习。这不仅要重新制定合适的学习计划，还要突破已有教学理念的束缚，确保体育教学资源得到有效的丰富，挖掘其潜在价值，共同为体育教学目标的实现努力。

第四节　大学体育教学课堂评价的对比研究

在美国，课程教学质量评价颇受重视，这和美国社会对传统教学评价方式的认知密切相关，美国教育学家在20世纪基本已经意识到了传统教学评价方式存在多种局限性，并努力构建新的评价体系。早在20世纪50年代，部分学者就提出了"替代性评价"这种新的评价理念，从宏观视角来看，"替代性评价"有以下6种特征。

第一，综合使用不同方式对学生进行考查。运用记录、观察细节、展示表演、口头演讲、团体合作计划以及让学生完成特定任务等方式来考察学生的专业技能、知识运用能力和团结合作能力。

第二，考核方式并非在单一化的考试背景中进行，而是在真实场景或模拟真实环境中实施考核。

第三，考核工作需要从广泛的背景中获取和整合有价值的信息，并非只从单一的标准试题中了解信息，而且是在多种智力活动像语言表述能力、逻辑思维、视觉空间、肢体活动、音乐、人际交往能力和自我展示等方面所传递的信息。

第四，注重过程性评价。

第五，要求集中表现复杂化逻辑思维能力。

第六，评价标准明确。

此外，美国大学体育学习评价体系结合了美国学校体育行业的目标发展变化因素，提出了体育教学的"终身化、健康化和个性化"理念。笔者在美国犹他大学作为访问学者留学期间，深入了解了美国犹他大学的体育教学课堂评价体系，具体归纳为以下几点。

一、犹他大学体育课程教学质量评价指导思想

1.美国犹他大学明确提出："体育教育是大学教育的重要内容，培养优秀人才是为社会服务的崇高责任，我们以学生为出发点，努力为学生创造一个适宜的发展环境。"在犹他大学是非常重要且极为优秀的学科之一，不难看出，美国大学体育教学质量评价指标体系虽然表现出了多样化特征，但是大多数高校均会秉承以学生的学习能力为核心的教学指导思想。

2.犹他大学体育教师一贯奉行鼓励式教学模式，认为运用正面反馈式教学可以营造更为宽松、和谐的氛围，学生受到一定的激励之后会更为努力、积极、勤奋，智力与潜能也能得以有效开发，这也是美国大学生自信心较强和颇具创新精神的原因之一。

3.犹他大学主张以学生的学习能力为核心开展体育教学活动，这种指导方式并非仅是在教学活动中全以学生为主，而是引导学生根据自身的专业需要与学习兴趣，自由选择体育项目，科学把握选课进度，不断提高自主学习能力。

二、犹他大学体育课堂评价体系

1.评价方式、评价时间与评价特点。

犹他大学体育课堂评价工作最常用的方式是在特定课外时间内让学生自己填写"教学效果评价表"，本校则不同，不会让学生集中在某一课外时间填写评价

调查表，也不会在期末考试后再开展调查评价工作，而是在考试前最后一堂课实施课堂评价，这样有助于避免学生为了使教师能放宽评分尺度和博取教师的好感而对教学效果进行过高评价，也可以在很大程度上避免教师为获取学生对自己的好评而给予学生过高的分数，确保评价结果的客观性与公正性。

2.课堂基本内容从整体结构来看，体育课堂评价内容主要包括以下两部分。

第一部分：专项等级评价（即对课程组织、教学方法、教师与学生之间的关系、师生个性、综合评价）。

第二部分：专题讨论评价。（教师的创新领域、个人教学方法改进领域、课程改进方面与其他意见等）。

三、大学体育课堂教学评价的价值作用。

美国犹他大学明确指出教学质量的评价不仅能准确反映教师的教学水平，而且是教师聘用、职业考核与职称晋升的重要参考依据，据犹他大学相关研究结果现实，认真查阅"教学效果评价表"而且尊重学生意见、聆听学生见解的教师均能在不同程度上提高总体教学效果。　3犹他大学如何评定学生体育课成绩　据调查了解，美国犹他大学体育课评分模式主要包括以下5种：等级评分模式、固定成绩评分模式、成绩分布曲线评分模式、及格/不及格评分模式、积分点。

四、本校大学体育教学质量评价主要方式

从微观层次来分析，本校体育教学质量评价工作主要涉及3个方面，即学生评价、教师同行评价与专家评价3个方面，在对学生进行学习评价的过程中，教师通常会综合运用6种考核标准——学生学习态度、学生的平时表现、体育专项技能水平、学生的身体素质、学生体质健康标准、学生参加课外体育活动的状况，不可忽视的是，本校当前所使用的教学评价模式并未完全实现教考分离，可控性很小，主观随意性较强，这必然会影响学生的考试质量与评价结果的准确性。

五、武汉轻工大学与美国犹他大学体育教学质量指标评价体系对比

武汉轻工大学与美国犹他大学这两所高校指标评价体系的比较主要体现在以下两个方面。第一，指标体系的比较与教学评价主体选择之间的对比。犹他大学在体育课程教学质量评价中所奉行的模式以学生为主体，其中的要点内容就是确立以学生学习能力为核心的指导思想，学生不仅作为教育载体，而且是教育工作的主体，这一点集中反映在体育教学质量评价活动中，就意味着学生不仅是课程评价的参与者，而且是教育质量评价工作的主要从事者。中国高等教育均推行统一化和集权式管理模式，受此影响，本校体育教育评价体系也表现出统一性与单一性特征，不是非常关注大学生的个性化发展。第二，美国犹他大学从20世纪就开始完善体育教学课堂评价体系，这为教学质量提供了充分保障，中国体育教学评价体系起步较晚，因而，统一性教学质量保障体系也不是非常完善。以上对比分析结果表明，美国犹他大学所实施的体育教学课堂评价方法有许多先进教学理念和工作经验值得本校借鉴和学习，总结经验如下。

1. 借鉴犹他大学在体育课程教学质量评价工作中将学生作为主体的评价模式，其中的要点内容就是确立以学生学习能力为核心的指导思想，学生不仅作为教育载体，而且是教育工作的主体，这一点集中反映在体育教学质量评价活动中，就意味着学生不仅是课程评价的参与者，而且是教育质量评价工作的主要从事者。

2. 学习和借鉴犹他大学的教学评价模式，优化本校师生评价方式，科学开展学生对教师、教师对学生之间的互评活动，奉行因材施教原则，在确保教学质量的前提下实施人性化理念，满足人才发展的多样化需求。

3. 分析本校体育课堂评价方式的不足。长期以来，我国高等教育的统一和集权式的管理，使得本校体育教育评价体系也呈现统一性和单一性的特点，对大学生个性化发展方面几乎不太关注，另外在构建统一教学质量保障体系方面十分薄弱。

4.构建本校现代大学的体育课程评价模式，使其具有时代性、创造性、多样性和个性化的特点，鼓励本校教师在教学方法上创新，结合本校的实际情况调整大学体育教学内容和管理、评价方法。

第五节　大学体育实践教学与体育游戏

目前大学体育实践教学中正在融入体育游戏，这是新型教育理念在教学实践中应用的体现，若是教师能够将这一教学方法有效地融合在教学实践中，对于学生综合素养的提升以及身体素质的提高无疑有极大的助推作用。本文在阐述了体育游戏的相关内容之后，分析了体育游戏在大学体育实践教学中的应用情况，包括应用现状、应用要点和成效分析，以供参考。　关键词：大学体育；实践教学；体育游戏　体育游戏最初衍生于生活游戏，后来在融合了体力、智力发展的内容之后，成为一个独立的分支，带有了目的性以及意识性，并发展出了新颖的内容和形式，有一定的应用原则，对体育实践教学的开展提供了许多帮助。

一、体育游戏概述

（一）特点。

体育游戏往往来自生活，但是较之生活，体育游戏又有一些与众不同的地方，具体表现在：第一，个人方面。有学者认为，实践教学作为大学体育教学的一部分，具有激发学生学习兴趣以及智力和体力的作用，能够有效促进学生身心健康，所以在个人角度来看，体育游戏可以有智力类、体能类，也可以发挥调节情绪、激发兴趣以及活跃课堂氛围的作用，是辅助教学任务完成的一种良好方式，同时，对于游戏能使学生的身心得到放松、增强体魄方面的作用也不容小觑，所以体育游戏重在从生理和心理给予学生放松状态，学生能够在各类游戏中提升操作能力和运用能力，助力于合作意识的培养，使其能够在未来步入社会后有较强的组织能力与认知能力，能够适应岗位的需求；第二，社会方面。有不少的人认为体育游戏时一种文化现象，且是社会发展到一定层次的产物，所以社会需要体育，体育作为社会实践的一种类型，需要运用运动这种形式，来发挥教育的特性，来锻炼学生的综合素养，让学生能够成为复合型、创新型人才，满足社会的需要，让学生具有社会化，帮助其在走向社会之前，先行了解社会，为未来奠定基础；第三，教育方面。还有学者认为，体育游戏的作用还体现在其方法以及内容方面，通常来说，游戏有两种作用，一是直接作用，二是间接作用，若能将游戏的这两种作用充分发挥出来，对学生进行有效的教育，无疑可以改善体育课堂的氛围，让学生能够主动参与课堂教学，自发的锻炼各项运动技能，让体育游戏能够发挥其辅助作用，提升教学质量，毕竟大学教学的教学目的便是为了让学生在德智体美等方面都有所发展，而若是能够有良好的体质作为基础，无疑更能让学生达到更好地层次，所以运用游戏辅助大学体育实践教学的展开很有必要。

（二）形式。

体育游戏有三个来源，一是人类本能，二是原始倾向，三是社会生产与生活，所以其发展也有三个阶段，在这三个阶段中有不同的表现形式，具体来讲，第一，本能阶段。著名心理学家在研究这一问题时，接受了复演说以及进化论的有关思想，并在此基础上，提出了自己的看法，认为应当将个体心理发展要当作进化历史理论，而从这种角度来讲，个体生活的初期往往有遗传特征古老的特点，所以游戏就成为人们的本能表现，是从生活中演变出来的；第二，文化阶段。体育游戏的文化气息不可被忽略，从"美哲学"的角度，美由"现象自由"与"自由技艺"两个部分组成，技艺与美紧密联系，游戏是美的一种表现形式，亦是文化传承的一部分；第三，专门阶段。该阶段中体育游戏已经成为体育实践教学中不可或缺的一部分，这种教学模式获得了多方的支持。所以从体育游戏的这些特点来看，体育游戏实乃体力与智力的结合体，在教育方面有极为重要的意义，还能将教学与生活和娱乐联系在一起，极具应用价值，并且体育游戏有体能运动、技能运动等多种形式，能够很好地适应体育教学的实际需要，可操作性与实用性都很强。

二、体育游戏在大学体育实践教学中的应用

（一）应用现状。

关于当前体育游戏在大学体育实践教学中的应用，有以下具体体现。

1.认知程度方面。不可否认的是体育游戏是目前体育实践教学中的一种重要的教学辅助手段，学生也很喜欢在上体育课时，能够参与各种教学小游戏，但是在对游戏的认知方面，还存在一些差异，表现在学生普遍认为这种教学模式的作用是活跃气氛、提升教学质量以及联络师生感情，只有一小部分的学生认为体育游戏能够促进身心健康、培养意志品质等，所以说学生在对体育游戏的认知方面，还不是很统一，有着各自的不同看法。

2.采用阶段方面。体育游戏在体育实践教学中的应用，也需遵守"天时地利人和"的原则，选择适时、适当的时机，将其有效融入教学环节之中，根据调查，教师会分别在课堂准备阶段、教学阶段以及结束阶段应用体育游戏，而在准备阶段应用该方法的目的主要在于调动学生的积极性以及集中学生的注意力，在教学阶段应用该方法的目的主要是活跃课堂气氛，能够让学生在轻松愉快的氛围中完成既定的训练任务，除此之外，在结束阶段应用该方法的目的是让学生在下课之前进行放松，让学生能够缓解训练后的不适感，但不论是在课堂的哪一阶段适用体育游戏，对于教学都要相应的促进作用，对此，应当引起体育教师的重视，并在教学中积极采用小游戏，来帮助学生更好地完成训练任务，督促学生强健体魄，为文化课的学习打好基础。

3. 应用情况方面。在体育实践教学中应用体育游戏，实则还是为了提升体育教学的质量，所以教师在课堂中融入游戏法时，应当着重注意游戏与教学内容的相融性，毕竟游戏只是辅助手段，是用来帮助教学的开展的，不能主次颠倒，在实际教学中，常常会出现教师随意应用体育游戏的现象，让学生产生了认知误区，认为体育课只需做游戏即可，将学生引到了"弯路"上，并不能让学生掌握应当具备的运动技能，所以教师应当重视这个问题，不能为了调动学生参与课堂的兴趣而任意选择游戏教学法，教师应当要对教学目标与教学内容有明确的认识，才能在此基础上，通过丰富的教学手段与多样化的教学内容指导学生，让学生能够有针对性地进行体育锻炼，完成应当完成的锻炼计划。

4. 组织管理方面。基于体育游戏能够采用多元的方法展开，所以在教学中的管理也比较方便，例如目前在大学体育实践教学中常见的游戏有喊数抱团、运动接力、贴膏药以及拉网捕鱼等，这些游戏在组织时也比较简单，但是缺点便是缺乏趣味性，有时还会出现在好几节课用同一中游戏的情形，不能有效调动学生的积极性，不能将游戏的作用发挥出来，同时还会出现在应用一些自编游戏时出现漏洞，引起学生抱怨的问题，会让学生逐渐失去参与体育教学的兴趣，所以加强对游戏的组织管理也应成为教师改善课堂效果的重点。

（二）应用要点。

基于体育游戏对大学体育的诸多积极作用，教师在实践教学中应用体育游戏时，应当注意以下要点，让游戏的作用能够充分发挥出来，促进教学质量的提升。

1. 注意运动强度。每位学生的身体素质不一，自然能够接受的运动强度也就不一致，所以教师在布置教学任务的时候，要充分注意这一要点，运动的强度不能太大，太大会过分的消耗学生的体力，进而影响后续教学的开展，而运动的强度也不能太小，若是运动强度过小，学生的体能又得不到有效的提升，所以教师在制定游戏计划时，一定要先通过一些基础训练项目，先行了解全班学生的体能情况，然后以此情况为指导，为学生安排适当的游戏运动，让学生在"做中学"，通过游戏有所得，达到真正意义上的全面发展。

2. 丰富游戏内容。当前社会的发展可谓是日新月异，学生每天都能从网络上得到最新的社会消息，在这样的情况下，学生的思想水平以及眼界和知识面都非常广，需要教师在课堂上有所创新，才能满足学生发展的需求，但是部分大学体育教师的教学观念还很落后，总是在用相同的游戏辅助教学的开展，看似在教学中融入了先进的游戏教学法，实则并不能起到良好的作用，这些没有新意的游戏，难以引起学生的积极性，所以教师需要以发展的眼光，改变教学观念，逐步优化教学设计，注重在教学之余，积累新游戏，然后再根据具体教学内容的需要，在自己的"游戏库"中选择适当的游戏，辅助教学活动的开展，如此才能让体育实现其实用价值，助益教学效果的提升。

3. 加强游戏管理。一般来讲，若想要游戏促进教学质量的提高，游戏必须要具有规范性，也即在游戏开展的时候，既要有公平性，还要有约束作用，如此才能保证游戏能够有序进行，不会出现一些不必要的意外事故，所以教师在体育实践教学中融入体育游戏时，一定要加强对游戏实施过程的管理，以防游戏带来不利后果。

（三）成效分析。

随着教育改革的深化，人们日益重视大学生的体能问题，各个高校开始探索提升学生体能的方法，最终将落脚点放在了体育运动方面，尤其是更倾向于在体育实践教学中加入体育游戏，对此，在这种新型教学模式中，有学者提出了对这一教学模式运用成效的分析，例如学者陈冬提出，在体育教学方面，体育教学的指导思想发生了较大的变化，逐步实现了片面到完整的转变，以及阶段体育到终身体育的转变；学者腾达也曾提出应当加强游戏教学的研究与普及；学者宁姝注重体育游戏的实效，认为在体育教学中融入体育游戏，能够很好地优化课程结构，让体育课程更加多元等。

三、结语

总之，目前大学体育实践教学中应用体育游戏的教学模式开展的还不是很顺利，仍需要教师不断完善教学系统，加大体育游戏在体育实践教学中的应用力度，使其能够发挥应有的作用，辅助教学的进行。

第六节 大学体育教学中传统武术开展的优势

传统武术是民族传统体育项目中的一个重要分支，是民族传统文化的有机组成部分，是一种特殊的文化符号。作为内外兼修的体育项目，传统武术能够很好地展现年轻人的精神风貌。本文以河南师范大学全校武术教师和专修武术及选修武术的学生作为研究对象，主要运用问卷法对100名练习武术的学生，10位武术教师，5位武术爱好者和武术协会的成员进行调查研究。通过查阅文献资料和数理统计分析，得出河南师范大学体育教学中传统武术在学校重视，师资力量，课程设置和管理，学校文化氛围，场地设施方面存在着开展的优势。在传统武术项目的可供选择方面尚有一定的局限性。

传统武术作为中华民族优秀文化的一部分，是根植于中原大地的融身体操练与精神世界于一体的重要文化载体，同时它也在中华武术的传播、继承、发展中发挥着很明显的作用。当前，对于传统武术的多个层次上的理论研究有了较大的提高，并且在广度和深度上都有了一定程度的发展，这值得庆贺。但随着社会的迅速发展，快经济时代的到来，再加上众多现代体育项目的冲击，很多人对于传统武术的态度发生了很大的变化，传统武术的继承与发展大多只局限在策略上，而没有真正的落到实处。

一、河南师范大学师生在教学中对传统武术的喜爱程度的调查

传统武术的形成时期较早，自古代狩猎时就开始出现其萌芽，能够历经时间的考验，连续不断地传承下来，充分说明了它的宝贵。以下通过分析河南师范大学师生的问卷调查可知，本校师生对传统武术的喜欢程度，参与目的各不相同。根据问卷的数据统计可知喜欢传统武术的人数最多，占总数的38.1%，比较喜欢传统武术运动和一般喜欢的人数分别占33%和22.9%，不感兴趣的占0.06%。数据显示传统武术在河南师范大学的体育教学中占有一定的分量，超过90%的练习者对传统武术有着不同程度的喜爱。

二、河南师范大学武术师资情况和场地现状调查

1.武术教师年龄、性别、思想道德对传统武术开展的影响

通过对河南师范大学武术教师的年龄、性别、习武年限、思想道德等的调查，可以反映出武术教师或教练员的专业技能、道德品质、人格魅力。教师的学历可以间接反映出这所学校对于民族传统体育的科研能力，组织教学的能力及创新思维能力，教师的性别和年龄也会影响教学的过程及结果。数据显示男教师的人数明显的多于女教师，教师性别比例差异较大。教师年龄以30-50岁居多，年龄趋于中等化，教学经验丰富，文化修为比较高，有利于传统武术的继承与传播。而年轻教师敢于冒险尝试，体质好，有利于促进竞技武术的发展，但对于传统武术接触的浅，教学经验不足。

2.河南师范大学武术馆及场地应用情况调查

通过调查，河南师范大学有室内武术馆一个，和跆拳道馆同处一室。馆内的设施比较先进，条件很好，为传统武术和竞技武术技能的练习提供了便利。但武术馆大多数情况下只供专修武术的体育生使用，因为他们练习竞技武术时需要，功底也好一些。而选修武术课的学生都在室外上课，地点比较灵活，有田径场，篮球场，综合馆周围开阔的地方等，相比之下，有利于组织教学和集体演练，在室外上课视野开阔，学生们的心情舒畅，有利于激发学生的学习兴趣。

三、对河南师范大学武术课开展的影响因素分析

通过观察和问卷分析河南师范大学武术教学中哪些因素影响学生对传统武术练习的热情，对武术教学中传统武术教学影响因素归纳如下：

1.学校的重视程度占到86.7%，目前传统的健身气功五禽戏，八段锦，太极拳的运动不剧烈，有很好的锻炼身体的功效，开展较少；

2.传统武术的师资力量占77.8%，可见学校在武术师资力量方面的投资是有一定分量的，目的在于加强吸收优秀人才，提高学校的知名度，从而来提高学校的整体竞争力；

3.武术课程的管理体制占66.7%，武术课程的设置和计划从很大程度来说是直接影响武术选修课的最重要的因素。课程设置的合理，教学计划详细能使学生对传统武术产生浓厚的兴趣，营造轻松愉快的学习氛围；其次使学生很好的掌握一门健身的技能。

4.校园传统武术文化氛围占58.9%，高校的师生不仅要学习传统武术技能也要学习传统武术的文化，传统武术来自民间，文化气息浓厚，因此学习好传统文化是更好地理解传统武术的基础；

5.宣传力度占55.6%，传统武术优势体现需要全方位、各部门的协调统一。领

导的重视、课程的设计、老师的教育、学生的交流、后勤部门的保障等；

6. 场地设施建设占34.4%，场地的建设是影响传统武术运动发展的一部分，学校应从学生的切身利益出发，使学生有一个良好的运动条件，对一些建好的场地安排专业的人员来进行定期及时的维护，雨后雪后应该及时的进行清理或打扫；

7. 对身体素质方面的要求占23.3%，传统武术的功力都是通过身体的一动一静展现出来，是后天的努力练习得来的，需要大量的时间投入，但是基本素质也有一些先天的成分。身体素质的提高是一个过程，需要有吃苦耐劳的品质和意志力，因此需要坚持不懈，否则已获得的基本功很容易丧失而前功尽弃。

四、结论

目前，高校普遍开设有武术专修和普修课程，每个学校的重视程度不同，师资力量、场馆设置、教学环境等各方面的原因都会影响传统武术在学校的开展。位于河南新乡市的河南师范大学，学校领导对于体育项目有足够的重视，而传统武术作为其中的一部分也拥有了一定的发展空间；再看该校的武术教学团队，老师的年龄趋于中等化，教授传统武术的较多，适合传统武术的校内传承；武术课程的设置与管理方面，专修武术的学生课程涉及的套路种类多，既有传统武术的学习也有竞技武术的演练，老师对他们的管理也相对严格一些。选修武术的学生课程设置以传统武术为主，偶尔有竞技武术的接触，老师对他们要求的标准适当宽松，但传统武术项目的可供选择方面有一定的局限性，有待加强；校园传统文化的氛围给传统武术的继承与传播起到了一定的辅助作用，河南师范大学有着浓厚的传统文化气息，间接地促进了该校学生对传统武术的认识，能够帮助这些学生练习传统武术，丰富他们的传统武术文化内涵。

第七节 核心力量训练在大学体育的运用

通过体育锻炼来提高学生的身体素质，强身健体是大学体育教学的主要目标。而相关数据显示，近年来，大学学生的身体素质逐年下降，而教育部发布的《高等学校体育工作基本标准》要求高校要将体育成绩作为录用标准，同时学校要将体育成绩作为评优评先的标准。在这种情况下，如何提高学生的身体素质也就成了大学教师的一个重要任务，因此,将核心力量训练融入大学体育教学中就显得尤为重要。

一、核心力量训练

（一）核心力量训练的定义。

核心力量训练可以分成两个部分来理解，一为核心,二为力量训练。核心是指人体的躯干，人的躯干由脊柱骨盆和周围的小肌肉群组成，就人体来看，核心应该是指腰—骨盆—髋关节。除此之外，腹横肌、竖脊肌、腹直肌、腹斜肌、背肌下背肌和骨盆组成人的核心肌群。力量训练即可以提高人的力量的体育训练，因此，核心力量训练可以定义为对人的腰—骨盆—髋关节以及其周围的核心肌肉群进行协调的一种训练方式。

（二）核心力量训练的意义。

保持活力的肌肉是人进行体育活动的前提和基础，任何专业或者非专业的动作或体育项目都需要依靠肌肉来完成。人完成各种动作的发力、协调肢体和降低重心等都需要核心肌肉群的支持。核心力量强的人可以说是具有良好的运动天赋，它们可以很好地控制身体的加速减速以及控制身体的稳定性。上述描述的这些不仅是对专业的运动员来说，对在校学生来说同样适用。现代大学生更喜欢宅在宿舍打游戏、玩电脑，而不喜欢出去活动，所以，运动量越来越少。在这种现状之下，将核心力量训练融入大学体育教学中显得尤为重要，大学体育课的目的不同于其他项目不是为了取得什么成绩，而是为了让大学生强生健体。大学体育进行核心力量训练就是为了教会学生合理有效的训练方法，吸引学生的兴趣，教会学生如何锻炼身体。

二、大学体育教学核心训练方法存在的问题

（一）缺乏配套的器械资源。

核心力量训练作为一种新型的教学方法，不仅教师和学生需要进行相应理论知识的更新，还应该进行实践，将核心力量训练落实到大学体育教学的实践之中。但是如今在大学校园之中，教师和学生虽然在不断地更新理论知识，但是核心力量训练作为一种十分依靠训练器材的训练方法，在缺乏相应器械的情况下是很难进行完全合理的实践的。而现在大学体育教学存在的问题就是教学资源缺乏，缺少体育器械，现存的器械性能无法满足训练需求。没有相应的器械和资源，核心力量训练很难在大学体育教学之中有效的实施。

（二）没有完善的教学模式。

虽说现在有相关法律政策要求学校加强学生的体育教学，但是相关法律政策并不完善和严格。在现代教学方式和科学的教学内容之下，现今高校体育教学中存在的一个主要问题就是不重视。核心力量训练作为一种新型的教学方法要求学校能够提供一种合适的环境，能够适应其发展的教学环境。而与之相应的教学模式还尚未完全建立起来，由于改革的形式化，现在教学还是传统的教学模式和方法，这种情况对核心力量训练方法在大学体育课中的实施造成了严重的限制，让这种方法难以在大学体育教学中顺利实施。

（三）核心训练方法不能满足学生的所有需求。

针对高校学生身体素质逐年下降的情况，各高校对体育教学的重视程度越来越高，主要是教师等教职工对教育的重视程度越来越高，思想高度在提升，从思想上提高认识。同时高校学生的觉悟也在提高，学生自己也在不断地认识到体育锻炼对自己身体健康的重要性，所以，对于体育课的体育教学就提出了更多的个性化要求。学生有个性化的需求说明学生对体育课感兴趣，而学生的兴趣正是学生参加体育活动和训练的动力所在。但是传统的教学方法和模式枯燥无味，不能吸引学生的兴趣，满足学生的个性需求，限制了核心力量训练方法在体育教学中的应用。

三、体育教学中强化核心力量训练的相应措施

上面我们分析了核心力量训练在大学体育教学中实施存在的问题，从上文我们可以知道缺乏教学资源、完善的教学模式和无法满足学生的个性化需求是核心力量训练无法有效实施的主要问题。为了解决这些问题，各大高校必须采取相应的措施。以下是本文对这些问题提出的相应措施。

（一）强化训练基础，提高学生的基本素质。

核心力量训练可以有效地锻炼学生的核心肌肉群，为吸引学生对核心力量训练的兴趣以及认同核心力量训练的有效性，教师可以让学生亲身体验核心训练方法的基础训练方法，让学生自己来感知核心训练方法对自己身体带来有效的、实际的强身健体的效果，让学生亲身体验核心力量训练带来的好处才能吸引学生的学习兴趣，自觉地加强体育锻炼。例如，大家都知道在跑步之前老师都会要求大家进行拉伸，即慢跑、压腿等动作，通过这些准备活动，学生可以感受到自身肌肉的变化，对自身的身体情况和活动机能有一个基本的了解。同时学生也可以在做拉伸和不做拉伸的情况下分别进行跑步运动，比较两种情况之下身体的变化和反应，这样可以让学生充分地认识到体育锻炼的重要性，增加对核心力量训练的认同感。

（二）配备相应的器械和专业的体育教师，及时更新教学资源。

前面已经提到，核心力量训练需要相应的专业的体育器械，除此之外，专业的教师也是必不可少的。这就要求学校做到，第一，购进相应的、专业的、先进的器械，同时要定期组织专业人员对这些器械进行排查、维护和更新。第二，学校应招聘对核心力量训练方法熟悉的、专业的教师，同时为教学创造一个良好的环境。教师可以在器械充足的情况下，不断地调整教学方法，增加训练量，旨在让学生得到全面的、有效的训练。教师最主要的任务就是交给学生正确的锻炼方法，应到学生正确、积极、有效地进行体育锻炼。

（三）以学生为主体，实事求是，从实际出发。

现在大学的体育教学时间都是有限的，所以，就要求教师能在有限的时间之内，能够将教学效益最大化，这就要求教师对学生的实际身体情况有一个了解。以学生为主体，根据学生不同的学习兴趣和身体情况进行不同的分类，不同的群体进行不同的训练项目以及不同的训练强度。这样既有利于推动学生进行体育锻炼，同时还能让核心力量训练的实施更加高效化。

四、结语

通过以上的阐释，我们知道核心力量训练对大学体育教学有重要意义。虽然核心力量训练在大学体育教学中的实施还存在许多问题，但是我们可以对这些问题进行专业的分析，从不同的方面根据这些问题采取相应的措施，让核心力量训练能够在大学体育教学中有效实施，促进大学体育教学的发展。

第六章　大学体育选修课与社团发展与改革

随着教育部《全国普通高等学校体育课程教学指导纲要》下发，定向运动在高校逐渐普及。定向运动不仅可以增强学生体质，培养学生独立分析，解决问题的能力，而且对培养学生的生存能力，竞争意识，团队合作精神恰到好处。正因如此定向运动走进学校与学生的社团活动联系得更加紧密。这既是体育教育事业发展的与时俱进，也是"以学生为本"教育思想的具体实践。

第一节　大学生课外体育锻炼现状调查及对策研究

伴随着人民生活水平的不断提高，高校大学生的身体机能和健康水平不断降低，很大一部分人的身体处于亚健康状态，体力下降，柔韧性变差，近视人群增多。为了更好地把握大学生体质健康与课外体育锻炼现状之间的影响关系，选取不同的因素进行研究。结果表明：现如今大学生体质健康状况下降很大原因是缺少体育锻炼引发的。因此要加强其自主意识，引导学生积极参加体育锻炼，增强体质。

一、前言

本文旨在通过对在校大学生的健康状况、参与目的、运动时间、影响因素等各项指标的研究，为增强大学生体质健康提出合理化建议，从而协调好课外体育锻炼与体质健康之间的关系。

二、结果与分析

（一）体质健康现状

根据公式 BMI= KG/M2，BMI指数小于18的人群划定为偏瘦，BMI指数在18-25之间的人群为正常体重，BMI指数在25-30之间的人群为超重，BMI指数大于30的人群为肥胖体重。对收集到的数据进行处理统计并对比标准BMI指数范围，结果显示：三个学校学生的身体质量指数并不乐观，BMI超出正常范围的人群呈逐年上升的趋势。具体表现为学生的体质健康随着时间的推移不断下降，大一到大四超重以及肥胖人群所占比例直线上升。统计计算结果如表1所示。

（二）高校大学生课外体育活动的对比分析

实地调查结果显示，在参加课外体育锻炼的学生中，经常锻炼的男生有372人，占经常锻炼总人数的53.4%；女生有325人，占总数的46.6%；不经常锻炼的人中，男生有65人，占总人数的41.1%，女生有93人，占总数的58.9%。数据显示：男生群体相比于女生，会经常参加体育锻炼，具有较高的运动热情，以上结果说明性别是影响大学生参加课外体育锻炼的一个极其重要的因素，对于体质健康状况的影响不容小觑。

（三）高校大学生参加课外体育锻炼的特点

据资料显示，运动时人的平均心率为120～150次/min，此外必须保证每周至少运动3～5次且每次锻炼时间需要达到20min及以上，这样才能达到理想的锻炼效果，对人体的健康有利。从表中可以看出，在调查结果中运动时长达到60min往上的人数占总数的9.7%，说明这部分人群运动积极性很高，具有很高的运动热情；在20-60min之间的人数占34.6%，体现出这部分人群运动意识相对较强，能够主动参加体育锻炼；而时长不足20min的人数占比55.7%，说明这部分人群缺乏锻炼，运动意识较为薄弱，达不到合理的锻炼时长。因此应该加强大学生的体育运动意识，激发他们主动运动的积极性，引导其增强自身的体质健康，改善目前的状况。课外锻炼的方式多样，调查显示学生对于跑步这一运动的钟爱情况要远大于其他各项球类运动以及其他运动，在此次调查中以跑步为锻炼方式的人群占大多数，有40.6%。其次是以篮球为锻炼方式的人群，占到31.1%。再次便是以足球为锻炼方式的人群，占到15.7%。分析显示，大学生在进行课外体育锻炼时所选择的运动项目，一般是以容易接触到的、规则和技能容易掌握的为主。

在被调查的人数中有766人选择操场作为其课外体育锻炼的场所，占总人数的89.6%；在有偿场所进行锻炼的有75人，占总人数的8.8%；此外还有1.6%的人选择其他场所。这表明田径场、篮球场这类无偿场所是学生进行课外体育锻炼的第一选择，这些场所普遍具有距离学生宿舍或者教学楼较近、场地大，空旷的特点，同时这类场所运动人群多，也更容易激起大家锻炼的积极性。

三、结论与建议

（一）结论

大学生的体质健康状况与课外锻炼不仅关乎大学教育的质量高低，也关系到中国新一代人的身体素质水平。通过对以上表格数据的分析：高校大学生参加课外体育锻炼的意识较为薄弱，主动性较差，锻炼的频数和锻炼持续的时间较正常来说远远不够，其中女同学的体质状况尤为下降严重；此外不同年级、不同性别的同学的锻炼方式、兴趣、锻炼时间、倾向的组织形式等也大不相同，进行体育锻炼容易受到多种因素的影响。在校女大学生进行课外体育锻炼的意识薄弱，没能端正自己对课外体育活动的态度并且对于体育可以促进自己身体健康，能够加强身体体质的作用还不够了解。学校对体育活动的不重视造成了大学生在校期间没有掌握好体育课所学到的基本技术，乃至让学生丧失了对课外体育活动的兴趣。田径场及其他体育设施不够齐全，导致学生缺少课外体育锻炼的场地及器材保障，极大地打击了学生的积极性与主动性。各科类年级组没有明确规定每天所要达到的运动量，导致学生在学业压力重的情况下缺乏了必要的活动时间。

（二）建议

加强宣传，完全人格，首在体育。大学生体质下降并不是偶然现象，而是学生父母、学校以及当代的教育过于重视文化课成绩，从而造成了高校大学生体质的下降，所以家长在重视文化课的同时也要重视体育运动给孩子身体所带来的好处，学生家庭应该积极监督子女进行课外的体育锻炼，在家长鼓励下帮助在校大学生树立终身体育意识。在校老师应该积极地投入到体育课的改革当中，创新课堂教学的形式，并且严格要求自身，给学生树立一个好榜样。从事体育教学的过程中不可避免地会有承受一定的运动负荷，所以这就要求任课体育老师有较好的体能，能在上课期间做出标准的示范动作。课余时间开展一些多种多样的体育日，比如周一开展篮球日，周二开展田径日等，这样就能汇聚更多的高校大学生，也使得了每个大学生都能接触更多的运动项目，了解更多的运动项目，让更多的学生参与进来，同时也要做好宣传课外体育锻炼的作用与功能，为在校大学生营造一个良好的健身氛围。

重视体育对育人的重要性，学校应该加大对体育设施的投入，要为在校大学生提供一个良好的运动环境，也要进一步完善对体育场所的日常管理和及时修改相关的规章制度，使得学生能够随时进行课外体育锻炼。男生和女生主要进行的锻炼项目增加器材和场地，比如女生喜欢偏柔和点的锻炼项目如瑜伽、健美操、乒乓球等，而男生喜欢偏对抗性的项目的居多比如足球、篮球、排球等运动项目。所以针对女生，学校应该多开设一些功能教室，以供女大学生进行课外体育锻炼，而针对男生，学校应该利用学校空余土地修建一些简单的健身器材。

第二节　新形势下高校体育选修课的发展策略研究

建国60年来，高校体育选修课在我国得到广泛的关注，不少高校教师和专家对大学生体育选修课的上课模式、目标建设等方面进行了研究，对学校体育选修课的开设进行调查研究，对大学生体育选修课进行改革，以促进大学生的全面发展。例如杨昕莹的《对我校开设体育选修课的可行性分析》，黄松峰和林仰硕等《影响大学生体育选修课选项因素的研究》。我国高校的体育选修课程的发展从无到有，从简单到完善，进行了前所未有的改革，改革的深度、广度、难度和复杂性对我国高校体育课所产生的影响作用也相当巨大。体育选修课改革从项目设置、教材编写、开展模式的拓新、效果评价等方面均需要进行改革。

然而，在我国有些省份的部分高校的体育选修课的开设还没有得到应有的普及和发展。建国70年来，我国经济得到了飞跃发展，我国的人口结构也在发生的变化，90后和00后的一代逐渐走入大学校园，他们的教育成长经历与以往的年轻人有所不同，他们的心理特点和行为特点也在发生着变化。面对新一代的大学生，作为体育工作者如何通过体育教学工作让学生的身体和心理均得到健康发展，是我们高校体育工作者面对的重要问题之一。

据相关资料表明，新形势下的大学生对业余体育文化活动的需求更大，要求也更大，当前我国大学生的体育必修课的时数远不能够满足他们健康成长的需要，而大学生的选修课作为促进大学生体育锻炼的一种补充，在我国高校还远没有达其应起的作用，因此，我们对新形势下高校体育选修课的改革与推进策略进行研究，对丰富大学生的业余文化生活非常有好处，也能促进他们健康发展。

一、高校体育选修课的改革和发展是时代提出的要求

建国60年来，我国的体育事业发生了翻天覆地的变化，经济的发展为体育的发展奠定了良好的物质基础，面对新的条件和学生新的情况，我国高校体育选修课也需要继续改革和发展，这样才能促进高校体育运动的开展，才能丰富并促进校园健身文化的发展。我国高校体育选修课在不同的学校，开设的摘要求，我们必须不断的我国高校体育选修课的开设、评价等方面进行深入的改革，以促进其发展。

（一）构建高校校园健身文化要求体育选修课进行改革

大学生的培养和发展是关系我国长远发展的一个重大问题，构建和谐校园健身文化是为了让大学生能够身心同时得到发展，身心和谐的发展离不开体育活动的开展。高校体育娱乐活动是当前构建和谐校园文化不可缺少的组成部分，社团文化是当今校园文化重要的组成部分，我国高校体育社团的建立和发展丰富了社团文化，高校社团的很多活动都是以体育运作为载体的，这也确立了体育社团在当今高校构建和谐校校园文化的地位，这就要求我们着力发展体育选修课，为构建高校健身文化奠定基础。

体育选修课形式灵活，体育选修课教师可以根据学校的体育设施，学生的爱好和需求，以及体育教师自身特点与专长，决定选修课的内容、加上选修课的组织形式也较必修课灵活，这都有利于体育选修课促进校园文化的建设。

体育选修课的改革和发展对体育教师提出了更高的要求。体育选修课必须根据学校的体育设施情况、根据学生对体育选修课内容的需求而不断变化，真正服务学生，以满足构建和谐校园文化对体育文化娱乐活动的需求。

我们对一些高校学生社团进行了访问和调查，从结果来看，高校的体育社团活动的开展需要体育教师的专业指导，特别是没有体育专业的普通高校，因体育

运动实践经验不足，通过体育选修课来扩充学生相关的体育知识，有利于学生组织开展社团活动。论文写作，发展策略。从这一方面来看，高校构建和谐校园体育文化要求体育选修课内容更加丰富多彩，并不断的进行改革，这才能够满足大学生对体育健身文化生活的需求。

（二）学生需求的变化是体育选修课改革根本原因

从相关资料和我们调查的结果来看，我国高校体育选修课的开设在一些高新还没有得到应有的普及和发展。随着学校教育和家庭教育的发展，新一代大学生的整体特点在不断地变化，特别是00年以后出生者开始步入大学校园，他们的思想观念、生活观同以前的大学生有所不同，他们对体育文化生活有着更高的要求，为丰富他们的校园文化生活，作为体育教师和工作者和辅导员一些做好学生的文化生活管理是我们重要的责任之一，我们必须加强对高校体育选修课的改革推进策略研究，以促进体育选修课的教学，提高其教学质量，并促进学生的身心健康，满足新一代大学生对健身文化的需求。

随着人们生活水平的提高，对体育运动锻炼的重视程度越来越高，这一点在90后、00后的大学生身上体现得尤为明显，他们受成长环境和教育的影响，加上他们多为独生子女，塑造了这一代大学生个性张扬，言谈举止大胆，竞争意识强烈，当前高校的体育课根本满足不了他们对健身的需要，当前许多高校开设了体育选修课，以达到丰富学生体育文化生活的需要，也有一些高校没有开设体育选修课，这不利于丰富大学生的体育文化生活，也满足不了学生对体育的需求。

当前，我国高校对体育选修课的重视程度不够，体育选修课的内容也受学校场地条件、师资等的限制。而新一代大学生对体育选修课的需求也相当迫切，据相关研究表明"在我国普通高校，大学一年级、大学二年级开设选修课的不多，多是对大学三年级的学生进行开设。这种情况不利于大学生终身体育观的培养。"

体育选修课不受教学大纲的限制，这非常有利于满足学生的兴趣和爱好。目前我国高校体育选修课的开设与上课内容和方式也需要更加丰富和灵活，学生整体特点的变化成为体育选修课的改革根本原因，高校体育选修课的改革也必须适应学生整体的需求，并力求做到兼顾个体兴趣和爱好。

二、确定高校体育选修课内容的主要依据

高校体育选修课的改革与发展，最重要的一方面就是体育选修课的内容。高校体育选修课内容的选用受许多条件和因素的限制和制约。作为高校的体育教师如何根据现实条件，创造成性的上好体育选修课是摆在面前的一个重要课题，在体育选修课内容的选择上要注意以下几个方面。

（一）根据学生的需要选取内容

高校体育选修课内容的确立在遵守学生需求原则。目前，我国高校的体育选修课的选课形式都是由学生自主选择，然后根据学校的不同情况给予一定学分，有不少学校把体育选修课纳入到了学分的范围，这在很大程度上激励了大学生进行体育锻炼，这对体育选修课的要求也更高。

学生根据自己的兴趣爱好选取自己所喜欢的运动项目，根据这一情况，学校在开设体育选修课首先要考虑学生的需要去设定选修课的内容，并力求做到项目丰富多样化，上课人数控制在45人以内。体育选修课的课堂气氛应是最活跃的，因为学生对选修课的选择具有决定权，大学生选取的项目一般有着浓厚的兴趣，如果体育教师多少学沟通交流，内容的选取和安排都考虑学生自己的需求，这样学生在活堂上的积极主动性就会最大地调动起来。

（二）体育选修课要遵守学生"外化"转为"内化"需求

高校体育选修课的一个重要任务就是让大学生树立终身体育观。论文写作，发展策略。论文写作，发展策略。即让学生对体育运动的爱好由"外化"转为

"内化"。所谓外化，是指大学对体育运动一时的或者受外界影响而进行的锻炼现象称之为大学生从事体育锻炼的"外化"现象，"内化"是指大学生从事体育锻炼是一种自身的需求，对体育锻炼有一种内在的渴求驱动力，我们称之为大学生从事体育锻炼的"内化"现象。"外化"转为"内化"是大学生进行终身体育锻炼的需求，帮助大学生培养和确立终身体育观是我们体育教师的责任和义务。因此体育教师要通过上课的激情去感染学生，让学生充满活力的上好每一节课，做好每次锻炼。

（三）根据学校的场地设施条件选择上课内容

我国幅员辽阔，经济发展也不平衡，客观上造成我国高校体育场馆条件也不尽相同，有的大学体育场馆设施齐全，场地器材充足，这有利于体育选修课的开展，但是对于有些体育硬件较差的学校，对学生开展丰富多彩的体育活动造成了影响。

体育教师一定要积极主动的发挥主动性，结合现有体育运动的场地设施条件，引导和激发学生的兴趣，上好体育选修课安排的教学内容，这是高校体育教师的任务。论文写作，发展策略。在具备条件的基础上，体育教师在上选修课时充分利用现有的场地器材，提高利用的效率，让这些条件服务于学生。当条件欠缺时，体育教师要思考如何在现有条件的基础上上合理安排上课内容，上好选修课。这就决定了体育选修课的内容受学校场地条件的限制，在选取上要充分考虑这一因素。

（四）考虑体育教师自身的专业能力

"术业有专攻"，每一个人都有自己的特长和优势，每个学校在开设体育选修课时，除了本校的体育场馆设施外，还要考虑"软件"问题，既学校体育教师的专业结构和能力。

体育选修课的质量还取决于课任教师的专业能力和水平，例如一个健美操水平很高的体育教师，学生在上健美操选修课时会被老师优美的动作所吸引，不但能提高教学效果，还能愉悦学生，让学生在愉快的气氛中学习锻炼。因此，作为体育教师也要注意专业能力的保持，并不断地充电，扩大自己的理论知识水平，指导自己的教学实践。

（五）考虑所处地区的季节气候条件

我国幅员辽阔，不同的省份和民族有着不同的传统运动项目，如在河南省焦作市，太极拳开展的相当普遍，当地的高校把太极拳作为大学生选修课的内容，使得中华的传统武术得到推广和流传，也让大学生的身体得到锻炼。因此，高校体育选修课内容的选取要结合地域特点。

众所周知，北方的气候和南方的气候在冬天有着很大的差别，季节上也有很大的不同，一些运动项目的开展受气候条件影响的比较大。例如，游泳在北方开展的不如在南方开展的广泛，而滑冰和滑雪在北方开展的好，在南方则很少，甚至没有。论文写作，发展策略。因此高校体育选修课内容的确定，要考虑多方的因素。论文写作，发展策略。

三、构建高校体育选修课灵活多变的模式

（一）教师构建内容创新的体育选修课模式

体育选修课需要完成的一个重要任务就是确立学生的终身体育观，这就需要把学生"外化"的需求转为"内化"的需求。要想达到这一点，体育教师必须做到构建内容具有创新性的体育选修课模式，当然这种创新是多种多样的，可以是让学生设计主导选修课，也可改变上课形式，引起学生的兴趣。进而最终达到"内化"学生的目的，帮助他们树立终体育锻炼的思想。

这种体育选修课模式，需要体育教师结合运动项目的特点，学生人数等条件进行创造性的进行选修课教学。这种"内化"的过程非常有利于学生培养终身锻炼的习惯。

（二）师生共管的体育选修课模式

体育选修课的项目，有的是大学生广为进行的项目，如篮球、足球等，对于这样的课，可以以学生为主体，让他们的兴趣主导课题，让他们充分的得到锻炼。而对于开展不太普遍的项目，如网球，教师则可以多教，引导学生锻炼学习，以提高他们对于网球运动的爱好。对于这两种不同的情况，体育教师可以灵活的安排。另外，还可以分组教学，根据学生不同的基础和水平进行师生共管体育选修课题，对于有基础的学生可以单独分组，他水平高、组织能力强的同学进行共同搞好体育选修课的活动。

这种体育选修课模式，在实践中，体育教师在分组、确定帮手时一定要做好了解，不然会导致体育选修上课质量下降，引起学生的消积情绪。

四、结论与建议

（一）**高校体育选修课的改革是培养大学生的需求，也有利于构建和谐校园体育健身文化**。建议高校体育教学工作者积极开展好本校的体育选修课。

（二）**培养新一代的大学生要求确立他们的终身体育观，构建由学生"外化"转为"内化"需求的体育选修课模式是体育教育的有效形式之一，对学生树立终身体育观有着重要的作用和意义**。体育选修课的改革和发展要具有创新性和现实性。

（三）**对高校体育选修课进行改革与发展研究，确定体育选修课的内容是重要的问题**。在选修课的内容确定上要遵守应有的规律和原则，同时要注意适用性和现实性，如增加自然灾害发生时的急救运动内容，这一类的上课模式需要我们体育教师创造性地开展工作。

第三节　大学体育教学俱乐部模式探析

基于素质教育背景下，在大学体育教学中合理应用俱乐部模式至关重要，其是调动学生参与体育活动主观能动性的基本条件，也是加强大学体育教学效果的关键点。为此，相关教师需给予俱乐部模式创设高度重视，通过应用有效措施，将其存在的提高大学体育教学水平的作用充分发挥出来，为我国现代社会培养更多优质人才提供有利条件。

一、大学体育教学俱乐部模式的内涵

大学体育教学俱乐部模式是结合学生想法，在学生团体或是学校的组织下自行参与体育活动的教学模式。我国大学体育教学俱乐部模式主要分为课内体育教学、课余体育教学、课内外教学一体化。课内体育教学俱乐部是由学校体育部门组建的，教师参与其中，通过上课的形式的展现，定期上课，纳入课程表，除了应届毕业生其他阶段的学生都需要以必修课的形式参与。课余体育教学俱乐部则是由体育爱好者或是学生团体自行组建的，没有固定时间，学生自行参与训练。课内外教学一体化俱乐部是上述两者的结合体。

二、大学体育教学俱乐部模式创设价值

（一）有助于转变大学生被动的学习状态。

大学体育教学俱乐部的安排模式主要以学生为主，结合学生爱好参与体育俱乐部，学生在活动中会担任多个角色，对提高学生综合素养具有积极作用。

（二）有助于优化师资力量。

体育教师因为自身素养影响，一般不能保证各项工作都做到位，大学体育教

学俱乐部的构建是结合不同学科与专业组建的，学校在安排教师时需全面考虑他的综合素养与专业方向，是否符合该俱乐部发展要求，选择专业对口的教师对体育俱乐部教学，如此不但能够充分发挥教师在教学过程中的专业优势，还能推动体育俱乐部朝着更好地方向前进。

（三）有助于满足学生运动需求。

大学体育教学俱乐部构建的主要目的为学生能够结合自身兴趣特点学习自己喜欢的项目，学生在学习中保持足够的热情，树立终身体育学习的理念，进而加强体育教学水平。

三、大学体育教学俱乐部模式创设方法

（一）加强选择的完整性。 大学体育教学俱乐部的发展奠定特征便是自主选课，学校在布设学科时，需对学生的兴趣特点进行全面考量，构建行之有效的选课制度。

学校需对全体学生的兴趣特点进行充分调查，通过研究与分析，选出学生有需求的爱好，从而制定课程，另外为了避免盲目布设的情况，学校需引导学生结合自身条件选课，尊重其兴趣特点，要让学生知道课程选择的重要性。在课程选择完以后，学校结合学生选课的具体状况，进行有效优化。

（二）增强师资队伍建设，提高教师教学水平。

实际上，大学体育教学俱乐部对教师专业技能与道德素养有极高的要求，需要学生不断提升自身队伍的教学质量，第一，学校需从外部引入具有较强专业性的体育教师，尽量让教师团队年轻化，对于新专业，学校需引入拥有专业知识的教师。第二，学生需大力鼓励教师提高自身综合素养，可以定期开展培训活动来提高他们的整体水平，对于新课程，需要选择有能力的教师，让教师教学质量上升到新高度，为推动大学体育教学俱乐部良好发展奠定坚实基础。

（三）加大基础设施建设的投入力度。

若想保证大学体育教学俱乐部健康稳定发展，学校需给其营造一个良好的教学环境，对基础设施进行有效维护，对于数量不足的设施做好补充工作，确保俱乐部正常开展体育教学活动。

（四）构建行之有效的俱乐部管理机制。

在大学体育教学俱乐部中主要以学生为主，学生自律意识较弱，这需要大学体育教学俱乐部构建有关管理价值，建立行之有效的活动方案，对内部管理要求全员参与，对于重要决策需要全员表决。在大学体育教学俱乐部中学校需做好监督工作，以免体育俱乐部出现比较大的问题，影响体育教学质量。

四、结束语

综上所述，对于大学体育教学来讲，加强俱乐部模式创设势在必行，其不但与大学生身体素质有关，还同大学体育教学质量有莫大联系。基于此，相关部门需加大俱乐部模式创设力度，促使其存在的价值与作用发挥出最大化，为我国大学生日后全面发展做铺垫。

第四节　当代大学体育教学生态化缺失与反思

随着我国综合国力的提升，国民素质变得极其重要。大学生是推动国家发展的重要组成部分，所以加强大学生的体育教学，提高大学生的身体素质至关重要。目前，我国体育生态化教学缺失已经成为影响高校教学质量的主要问题，因此，我们必须对高校体育教学生态化进行反思，增强大学生的体育意识，提高高校体育教学质量。

随着国家经济能力的增长与对高水平生活质量的追求，人们在日常的工作、生活、学习中面临的各种压力急剧增加。目前社会是人才竞争的时代，更是综合实力比拼的时代，所以学生具备良好的心理承受能力显得尤为重要。重视大学体育在教学活动中的体能锻炼，增强学生的心理抗压力与自我调节力，有助于学生健全人格的塑造。由于大学生的课业负担过大，每天都要进行各种课题和实验，繁重的专业课程使得学生长时间处于坐卧的状态，身体和心理均得不到科学有效的锻炼和引导，导致大部分学生体质严重薄弱和思想极端，所以必须重视大学体育教育，促使学生拥有健康的体魄和健全的心理。

一、大学体育教学生态化教学的反思

通过翻阅教育部的相关资料得知，传统的大学教育教学中，教师大多都延续了中学传统教学模式，只注重学生考试成绩。学校过于强调学生的效率、动作符合学校体育制定标准，教师纯粹为完成教学任务，意识不到学生才是教育的主体，片面地强调教师在教学中的引导作用，忽视对学生兴趣、体能的培养，造成学生敷衍式完成教师布置课程任务的现象，缺乏对体育课的积极性与趣味性。在大学体育教学中施行生态化教学，教师要重视课程设计观念的创新，注重课程具体内容设计，让学生了解各种不同运动项目能使身体不同部位得到针对性的锻炼，如乒乓球可以锻炼学生的身体反应力与专注性等。教师要对学生的日常锻炼加以鼓励，让学生自愿投入到大学体育锻炼中，了解专业的运动技能对人身心健康的改善作用。

二、大学体育生态化教学的现状

（一）教学内容和教学方法陈旧

在传统教学模式中，教学思想有强的限制性，简单来讲就是教师与学生的最终目标就是通过考试，意识不到学生与教师属于一个完整个体，认为学生仅仅是知识的接收者，教师也只是传授教育的工作者，忽视对学生主观意识的培养。这种应试教育方式严重限制着学生对体育的爱好和行为意识的发展，造成学生对体育教学普遍持有漠视态度。具体体现在以下几点：一是学生对体育课冷淡，严重缺乏体育锻炼的参与意识与主观能动性；二是学生认识不到体育锻炼的重要性，使其身体素质得不到有效改善，这也是造成大学生体质薄弱的主要原因。

（二）教学目标不明确

传统体育教学方式中，教师依照原材料内容机械地进行讲解与传播，教学内容缺乏丰富性与立体性，对学生实际学习状况与理解能力没有足够重视，造成学生前记后忘的现象。很多学校的师生关系十分陌生，甚至整个学期下来教师与学生之间没有任何交集，更不知晓学生的班级姓名与科系，学生也对教师没有足够了解。这种现象严重影响了大学体育教学目标的实现，不利于学生体育课程锻炼的有效性。

（三）教学理念缺乏创新

我国学校教育一直处于应试教育状态，这种一成不改的教育模式，使学生的体育意识存在严重失衡。如中学体育课程内容，一直遵循中高考应试准则开展的百米冲刺、立定跳远、铅球投掷等体育项目，并以提升中高考成绩为目标进行反复训练，学生体会不到体育带来的任何乐趣，反而是对体育课产生厌烦心理，严重影响学生身心的健康发展。

（四）社会思想滞后

受社会市场经济因素与应试教育模式的影响，人们往往过于急功近利，体育价值观较为单薄，导致大学体育课一直被社会与学校所忽视，都认为专业课和文化课才是教学重点，是通向人生美好未来的必要渠道。大学教育教学过于重视技能指导，不能组织学生开展有效的课外体育活动、竞技运动，缺乏对体育文化的传播，使学生的身心得不到锻炼，直接造成大学体育教学呈现不和谐、反生态局面，制约着大学体育教学的生态化改革。

三、当代体育教学生态化缺失的解决对策

（一）加大体育文化宣传力度

大学体育教学的生态化与国家、社会的制度有着直接关联，社会的思想制约着体育生态化的进程。因此，我们要加大体育文化的宣传力度，学校可以利用校园媒体设施与校园网进行宣传，让学生充分了解体育锻炼的重要性，同时也需要国家和社会的参与协作，提高全民的身体素质与体育锻炼的积极性。

（二）增加室内场馆的设施建设

学校应该改变传统的露天体育教学活动模式，参考健全的学校体育馆的设计，重视体育基础型设施建设，将体育馆建设为学生室内活动的重点区域，激发学生对体育课的兴趣性。根据我国的体育国情现状，开设网球馆、篮球馆、游泳馆等训练区域，并聘请该运动项目国家专业人员进行指导示范，不仅可以增加学生对体育课的兴趣，并且促使学生规范地学习运动技能，在放松、锻炼身体的同时，也培养了学生对社会及国家的责任心。

（三）激发学生参与体育的兴趣

优良的教学模式，不仅是学生取得好成绩的最佳方式，并且是有效缓解学生身心疲惫状况的主要途径。所以学校必须打破陈旧引入新的教学方式，对教学秩序进行全方位改革，建立全新教学机制。在体育课程中传授先进的教学内容，并根据学生体育教学现状进行科学合理的评价，充分调动学生的学习兴趣，全面挖掘学生的主观能动性与思考性。学校在进行体育测试时，要以固有的考核机制为准则，确保测试结果的公平性、合理性，在测试结果评论中除了专业成绩外，必须加入一些体育技能方法、综合身体素质等评价指标，确保评价的目的不是测验学生在整个学期的训练结果，而是有效地激发学生对体育的乐趣。

（四）建立和谐的师生关系

在传统教育方式中，教师与学生之间有严格的等级标准，教师在学生心里一直都是高高在上，学生对于教师始终保持"只可远观不可近玩焉"的状态。在日常教学中师生关系紧张，教师通常采用填鸭式教学方式，强调教师的权威性与教学的主导性，整个体育教育的主动性在于教师而非学生，教师是整个教育体系的中心。为了缓解这种紧张气氛，师生都应从心理上建立平等心态，将教师作为知识的传播者，发挥其教育和管理学生的职责；而学生则要积极参与到教学中，成为课程的核心主体。同时，学生要尊敬教师，做到谦恭有礼、学而不厌、虚心聆听教师的教诲。教师要关注学生的身心健康，以认真负责、诲人不倦的精神引导学生前进，实现师生的共同探讨、共同成长。

四、结语

综上所述，我国大学体育教育仍受中学应试教育的影响，缺乏对体育教学的革新，无法有效提高学生对体育课的专注度。在大学体育教育中无论是教育内容、教育方式，还是教师的观念，都需要打破陈旧。在体育教学实践中都必须加速体育教育生态化步伐，对大学体育教育进行改革创新，对大学体育教育的生态化缺失情况给予足够的重视，树立大学体育生态化教学理念，构建平等和谐的师生关系，为社会全面发展输送高技能应用型人才。

第五节　大学体育选修课的改革与实践

本文以大学体育篮球选修课为案例，进行大学体育选修课的改革与实践分析。篮球这项运动有着久远的历史，作为一项综合运动，篮球集中了技巧性、协调性、趣味性和竞技性，一直以来，都备受大众青睐。在人们看来，篮球运动最大的魅力就是球场上的激烈对抗，而对于技巧性和竞技性的过度关注，导致了体能训练成了篮球运动的一项薄弱环节。

本研究借助通过对高校篮球选修课的调查分析，总结了大学生篮球运动中体能运动的特点、问题以及其原因和对策，方便更好地对大学生体育选修课的训练机制进行改进，使其更科学合理。

篮球运动在高校拥有的数量众多的爱好者，篮球运动占据了很大一部分课余时间，而大学生篮球运动的体能训练却是一个不容忽视的短板，除了少数专业球队会进行定时定量的系统化训练，大部分篮球爱好者会忽视这一部分，在运动时主要进行步伐、传运、投篮等技巧的提升。

就篮球运动自身而言，体能支持是一个球员综合素质的核心，就运动来说，要想达到强身健体的目的，就必须进行科学合理的体能方面的训练。

一、篮球运动中体能训练的要点

篮球运动中的体能要求有三点：强度、耐力、速度，这三点在篮球运动中起着重要作用。篮球运动的形式多种多样，就拿篮球比赛来说，每场分为两个半场四个小节，一般情况下，会有超过120分钟的运动时间。对于任何运动而言，这样长时间的运动强度是都会消耗人体的巨大能量，所以说，高强度和高耐力训练都是篮球运动必不可少的。

另外，篮球比赛需要的速度训练也是制胜关键，一个优秀球员应该有非常高的敏捷度，这就需要思维反应能力配合肢体转换能力。只有强度、耐力、速度的训练相互配合，才能对篮球素质的提升有所帮助。

二、篮球选修课体能训练存在的问题

（一）体能训练意识的缺乏

对于高校开放的篮球选修课而言，篮球运动是以增强大学生身体素质为主要目的，其主要教学内容是兴趣的培养和搭配以适度的体能训练。

但是很多教师在教学过程中忽视了体能的训练，只针对篮球运动的技巧性进行辅导，使得体育课并不能充分发挥其对于学生身体素质的提升作用。

现今，学生由于在中学阶段繁重的课业任务，体能训练意识缺乏，身体素质普遍低下，由此看来，唤醒大学生的体能训练意识确是当务之急，也是高校体育教学的起步点。

（二）课程时长的限制

运动中的体能训练部分关系着身体素质，而只有达到一定强度，充分对身体肌肉、骨骼、关节等进行活动才能使训练达到提升身体素质的目的，一般来说，大学生体育选修课每周安排一节课程，由两个课时构成，课程的时长在一定程度上限制了课程丰富度，包括很多教学内容不能充分展开，学生的训练时长不够，很多的训练只是形式，并不能达到锻炼的目的。

（三）教学方法较为单一

篮球训练主要在于耐力和速度的提高，在篮球教学中，由于教学方式的单一，导致训练不能形成系统，不能综合提升身体素质。采用单一的训练方式，会使得训练形成某一方面过于强健或者过于薄弱的局面，使得身体机能损伤。

再者，由于训练的单一性，导致学生的兴趣度下降，在课堂上注意力不集中，易在教学过程中造成身体伤害，可见教学方式对于大学生篮球选修课中的体能训练具有很重要的意义。

三、篮球选修课体能训练的对策

（一）安排专业引导课程

体能意识的提高是多方面的，对于大学生来说，只有知道体能训练对于自身素质的提高所具有的意义，掌握自身身体素质的情况，了解如何合理科学的安排体育课程内的时间，才能使得锻炼意识全面提升。

安排专业课程对学生的疑问进行答疑解惑，在教学过程中深入灌输体能训练的重要性，对于体能训练意识的提升有着立竿见影的效果。只有意识提升了，才能自觉地、主动地参与到体育锻炼中来。

（二）建立篮球兴趣第二课堂

教学时长的限制导致训练的不完整，无法展开系统化的篮球教学，更与在篮球课堂中达到体能训练的目标相去甚远。

对此，建议各高校体育部针对自身具体情况创办篮球第二课堂，号召学员积极参加多样性的篮球运动，并在活动中有意识地增加对学生体能的训练，使体能训练能深入推进，补充强化课堂教学不足，逐步收到成效。

（三）注重训练方法的创新

训练方式往往对最后成效起着决定性的作用。对于现在大学体育篮球教学过于单一化的教学方式，推陈出新显得格外重要。对于体育教学者，自身应该充分利用互联网、专业讲座、教育论坛等平台不断地丰富自己的教学方法，结合自身与他人的教学经验，形成一套专业有效又具有自身特点的教学方式。

在课后与学生进行及时沟通，实时得到教学反馈，定期对学生体能素质进行检测，在课后建立与学生互动的通道，及时解决学生在体能训练中遇到的问题，帮助其度过瓶颈时期，补充一些可行、有效的方法，帮助学生更科学合理地实现在篮球训练中的体能提升。

四、结语

本文主要借助篮球选修课的相关分析就高校体育选修课的改革，展开了相关的分析与探讨。分析了体育选修课改革内容的选取策略，最终希望通过本文的分析研究，能够为相关高校的体育选修课改革，提供一些可供参考的内容。篮球作为一项推广性极强的运动，获得很高的关注度，这不单单是局限在人们对专业篮球训练、比赛以及球队、球员的关注，更在于能够积极地参与到全民健身中来。大学生作为一个标志性的群体，选择关注其在篮球选修课中的体能训练中的状态，也是关注大学生整体身体素质水平。

第七章　大学体育文化的建设

体育是大学校园文化中的一项重要内容，它既可满足人的生理需要，又可满足人的精神需要，同时对建设高品位的校园文化环境，培养在校生终身体育意识有着非常重要的意义。而目前一些大学由于没有充分理解现代体育发展的真正内涵，往往只把大部分精力投入到教学或一味强调发展娱乐文化。校园体育文化具有教育、导向、规范约束和辐射等功能，是推动校园文化发展的最有效的催化剂。大学通过加强学生体育兴趣和习惯的培养、开展课外体育活动、举办体育文化节等途径，进行体育文化的渗透，可以创造良好的体育文化氛围，充分发挥体育在校园体育文化的内涵。

第一节　中西方体育文化对大学体育审视

体育文化是人类在实践活动过程中创造出来的特殊文化，中国传统体育文化是中国体育文化的最典范代表，它与西方体育文化一起共同构成了人类发展中两种不同的文化形态和价值体系，虽然两者发源同宗，但因其文化思想、表现形式、价值观念、追求目标等差别，成为世界体育文化的两朵奇葩。体育运动在某种意义上是人类社会实践活动的缩影，其运动表征的背后凸显着特定的传统文化、精神内涵和价值观念，中国传统体育文化强调以伦理道德和以人为本，追求养心健体和道德培养的价值观，漠视争夺淡化竞争。西方体育文化强调个体本位思想，追求挑战人类极限，好身体外在表现，少内心修炼，注重竞争与夺标。两种文化都是人类优秀文化，并无孰优孰劣之分，两种文化在交流过程中不可避免地存在着博弈与融汇互补。随着经济全球化西方体育文化强势流入中国，中国本土传统体育项目受到冲击，大学体育基本被西方体育项目压倒性占据，本土传统体育项目被挤为边缘角色，随着中国步入新时代，如何客观的认识和理解中西方体育文化，如何对中国传统体育项目进行传承和保护将显得尤为重要。

一、中西方体育文化的特质及其价值取向

中西方体育都具有以身体活动为载体的共性，但在其运动形态的发展流变中，却呈现出风格迥异的文化特质和价值取向。中国传统体育文化以中国传统哲学思想为理论基础，以"天人合一"为主导思想，强调人与自然相和谐，注重身心合一、内外合一、人心一统的整体观，讲求内外双修的道德修为。在中国古代甚是崇尚情感伦理和道德修为，这一思想在体育运动范畴也获得了充分的体现，潜在规约着人们的体育行动和价值观念，调和着体育运动的氛围。儒家"中庸"思想，要求人们在处事上谦逊持重，办事适中圆融，不提倡固执与极端，道家的"处下、无为、不争"思想和孟子的"大丈夫论"对人们的文化养成和处事方式也产生着重要影响。所有这些思想观念使中国传统体育文化体现出以道德伦理和以人为本的思想，体现出养心健体和道德培养的价值取向和内敛性品质。中国传统体育文化重伦理与教化，少竞争意识，注重节奏与神韵，偏倾于含蓄美和体态美，满足于身心愉悦，不刻意追求身体局部的过度发达而损害人体健康，不刻意求取单纯的指标量化以评优劣，注重自然法道，注重人际和谐，倡导友谊第一、比赛第二，从而淡化了体育的竞技性和竞争性。在西方其文明源于古希腊，希腊多山地且不够肥沃，希腊人为了生存与发展靠航海业经营起家，这种受海上凶恶环境影响，发展起来的充满自信与竞争精神的海洋文化，表现出对利益的积极向往。西方文化提倡个人自由，认为人是社会发展的主宰，只有个人得到充分发展时才能得到社会的认可和尊重，在这种以个体为中心的本位思想影响下，西方人从事体育活动纯属个人爱好，讲究在平等基础上开展竞争，追求开发最大潜能，争夺锦标是其竞技性特质。西方传统哲学讲究天人相对，强调人类征服与超越自然的能力，勇于开拓争做第一，形成了以奥林匹克"更快、更高、更强"为价值取向的体育文化。西方人注重体格，盛赞力量，以肌肉健壮为美，强调身体的外部运动，其比赛项目多是以展示体能为主的角力、拳击、摔跤、投掷、跳跃、赛跑等体育项目，同时西方人提倡科学与规范，注重知行分析，体育运动项目均有明确的比赛规则和量化标准，这些都与中华传统体育文化存在着明显差异。

二、中西方体育文化融合下的现代大学体育

（一）呈现出体育文化异化现象。

由于形态各异的体育文化影响着学校体育的发展，中国大学体育具有张力的同时又不乏保守性和惰性，最终还滋生出重智育轻体育的境况，归因是突出表现大学体育的竞赛成绩和体育活动的集群性参与，看重体育的政治功能，忽视了体育的育人功能，大学生的身体素质和德育教育并未得到实质性发展。当前中国大学体育从内容、形式、组织体系等方面普遍效仿西方，在形式上披上了西方体育的衣裳，却并未把握其神。如大学运动会当前在中国高校中基本成为传统，但真正理解校运动会的功能和价值的大学生占极少数，严重影响了大学生对校运会的重视度和参与激情，具体表现在运动会开幕式体育场全场满员，若非违背学生意愿施行纪律约束，接下来的比赛看台上将是寥无几人，凸显出校运会仅是设置给极少数人的体育赛事，并未激发起全员参与体育运动的后期效应。从侧面反映出中国大学运动会在政治功能上虽然实现了大学管理阶层的意志，培养了大学生团结协作的集体主义意识，但是透过现象究其本质，对于大学体育教育工作者来讲，运动会并未达到唤起全员学生参与体育运动的目的，并未解决体育教育工作者所期望的大学生人人付诸行动进行体育运动的窘境。

当前中国大学体育未能像西方国家大学那样，西方国家大学生基本都是积极主动的投身于体育运动大潮且乐此不疲。如英国牛津大学有89个体育俱乐部，牛津大学44个学院的学生都有自己一个或若干个体育俱乐部，学生在业余时间去参与运动，这在牛津大学成为学生每天生活的重要内容。剑桥大学有54个体育俱乐部，每个俱乐部保守估计人数2500人，学生根据自己的喜好参与不同的俱乐部，其中划桨项目是在校本科生和研究生必然参加的运动项目，31个学院均有划艇俱乐部，每个年级学生分别参加着10个级别的划桨运动，这也许就是当前中西方大学体育精神存在较大差异的原因。中国大学体育将中国传统思想人心一统的整体观思维与西方体育文化的个人本位主义混淆了，将西方人人富有激情的参与体育实践活动，移植为中国大学生集群性参与围观成看客，并未从根本上激发起学生投身到体育运动的实际行动中来，这也是为什么中国学生体育参与率低，学生体质明显下滑的原因所在，这一现实问题甚是值得广大教育者深思。

再如中国大学组队参加校外体育比赛，诸多体育项目存在选材困难，通过大海捞针式的选拔挑选出学校"稀有"人才，经过1-3个月短期培训后，成为所谓学校的"精英"代表学校参加比赛，获得成绩校方对参赛学生给予一定的物质奖励，并未采取实质性措施借力体育竞赛促使在校学生积极投身体育运动中来。反观西方国家大学生体育选材，从优秀的学生群体中选拔更优秀，从更优秀中选出一定数量的精英代表学校参加比赛，目标是在比赛中夺取锦标为校争光，如耶鲁大学有48个体育俱乐部、35个校级运动队，耶鲁大学未开设体育必修课，但85%以上的学生都参加各种体育运动和比赛。牛津85个运动队、剑桥有52个运动队、哈佛大学40个运动队，这些学校每年都会开展一系列校内外体育赛事，学生在比赛中培养公平竞争意识，培养顽强拼搏、团队协作精神以及鉴赏力，通过参加比赛丰富自身的课余生活，这一现象也是中国大学照抄照搬西方体育文化绘形误神的结果。

（二）中西方体育文化的博弈与融汇互补。

中西方体育文化作为人类体育文化中的两朵奇葩并无绝对优劣之分，但具有各自的文化个性，中国传统体育文化不仅注重运动技术的内部结构，更强调身心并育的整体功能，追求人与自然的和谐统一，正如儒学中的"天人合一"的思想。西方体育不但看重动作技术和注重征服与超越自然的能力，更强调更快、更高、更强的体育精神，西方体育文化在世界名片奥运会的强力推动下，体现出全球性和开放性。中国传统体育文化是中华各民族、不同地域体育文化交汇的结果，尽管其在发展过程中表现出一定的内敛性和排他性，但从本质上来讲也是开放性的，体现在通过国内外群众体育活动的交流，推动中国传统体育文化的传播和发展。大学是文化传承与创新的主阵地，是文化传播与交流、文化育人的主力军，是中西方体育文化碰撞融合的最佳平台，中西方体育文化在大学得以融汇与互补，可以促使中西方体育文化彼此吸取营养，弥补彼此不足。

（三）中国传统体育项目面临生存焦虑。

鸦片战争后落后的清王朝看到了西方的强大，开始师夷长技以制夷，尚武重军以力御敌，在此思想影响下中国传统体育形态逐步被军事和奥运竞技所主导，出现一路向西的局面，时至今日中国大学体育基本被西方体育项目所占据，中国本土体育项目面临生存焦虑。大学体育课程以球类、健美操、体育舞蹈、游泳、瑜伽等项目备受学生欢迎，本土体育项目武术基本游走于大学体育的边缘。尽管民国时期的北洋政府和现今的教育部都曾试图将武术列入学校体育必修课，但事与愿违还是出现了赶鸭式的教者发令学者强应的不尽人意境况。为了引起学生重视，教育专家和武术学者开始强行修剪武术动作，在学校体育推行简化式武术套路教学，除传统武术在学校体育中被简化外，在其中奥的道路上为了迎合西方主导的奥林匹克审美观和价值观，中国传统武术也被不断地分割和肢解着，突出表现在对中国传统武术形态进行竞技化改变，不断修改武术比赛规则，使中国传统武术形态朝着体操式的"高、新、难"方向演变，折射出人类严重的文化认同、民族认同危机。

三、基于文化自觉与自信，中国大学体育发展的思路

体育文化作为传统文化的其中分支，具有同传统文化一样的性质，事物的优胜劣汰规律表明，强势文化的壮大和弱势文化的消退是不可避免的。近百年来，西方体育文化以其体育运动的竞技性、规范性、观赏性、组织性、娱乐性等特点取得了强势文化优势，对中国传统体育文化产生了巨大的冲击力和影响，使中国传统体育文处于弱势地位，这一点从中国的学校体育便可直接得到反映，当前中国大学体育基本被西方体育项目所占据，本土传统体育项目面临生存焦虑，如何对本土体育项目加以保护，对其文化进行弘扬与创新显得尤为重要。

（一）革新武术教学，注重武德教育，重视武术技击性和攻防自卫的实用性。

传统武术要得以发展，首先要让学生明确武术精神和武术文化，没有文化精神充饥的社会是空感的，没有文化思想充实的人类是空洞的，要一改过去武术教学只注重动作传授的授课样态，不但有动作要求更重视武德教育，不再是花拳绣腿，而是重视技击性和攻防自卫的实用性，技术上突出技击实用攻防有用，动作简单易学易推广，激发和调动学生上课学、下课练、贯穿于实际应用的积极性，逐步树立对民族传统文化的自觉与自信。武术教学应重视对大学生进行公平正义、诚信友善、见义勇为和社会爱心等道德教育。当今社会存在着一些与和谐社会构建不相吻合的现象，如老人摔倒无人敢扶，遇有社会不良现象却少有正义之人挺身而出。传统武术学习可以改变人的心态，大学生学习武术不仅仅是掌握攻

防自卫的本领，更重要的是武德，武德教化着大学生应具有的责任感和社会公德，学习武术不是为了争强斗狠，武德教育将促使现代大学生如何更好地立身处世和做人做事，实现更好的约束自我和发展自我，体现健身修心和文武俱修，这些正契合了中国传统文化以人为本、道德培养的思想。

（二）将太极拳同质异构新形态运动项目柔力球引入大学体育。

中西方体育文化有其个性，同时又具有人类的共性，人类共性使中西方体育文化进行着交流与涵摄。根植于中华民族土壤的传统体育文化，在其历史演进中形成了独特的运行轨迹，随着社会的发展可能受母体文化的影响，同质性异构出新的运动形态，中西方体育文化交流的一个典型例证，就是近年来中国新兴的一项运动——柔力球，柔力球是一项具有中国民族特色的运动项目，其运动以太极思想为精髓，借鉴了羽毛球、乒乓球、网球及武术的技术特点，运动中以其太极哲理之奥妙、音乐之韵律、舞美之造型、诗歌之意境影响着练习者的情操与体魄，其人、球、拍三位一体的灵活性和协调性，给人以无穷的联想和享受，堪称体育文化创新之典范。柔力球既体现了中华民族博大精深的太极文化，同时又融合了西方现代体育元素，该运动已在中国呈现出强劲的发展势头，深受国内中老年群体、中年群体的喜爱，现已在德国、俄罗斯、日本、匈牙利等近30个国家得到传播和发展，当前已被北京体育大学、西安体育学院等体育类专业院校列入专修或普修课程，2017年柔力球被正式列为中国全运会群众比赛项目，当前柔力球正逐步被引入大、中、小学体育课堂，吸引着广大学生们的眼球。柔力球舞出了中国人的文化底蕴，展现了中国人的文化自信，大学体育课程引入柔力球项目，对于传承中国传统体育文化，培养大学生文化自觉与自信具有积极意义。

（三）大学体育倡导红色体育文化，忆苦思甜培养。

大学生道德品质增进文化自信党的十九大报告指出，中国特色社会主义文化，源自中华民族五千多年文明历史所孕育的中华优秀传统文化，熔铸于党领导人民在革命、建设、改革中创造的革命文化和社会主义先进文化，植根于中国特色社会主义伟大实践。红色文化是党领导全国各族人民在长期的革命实践中创造出来的精神财富，我们要充分传承、创新和发掘红色资源的体育特质，阐释其赋予的精神价值，提炼其教育功能，将红色体育文化作为高校进行核心价值观教育的实现途径。红色体育文化超越了时空的局限，以其充满激励和引领时代风尚的精神内核，很好的诠释着中国共产党人的价值追求，是中华民族取得胜利和砥砺前行最深刻的记忆。中国哲学社会科学规划哲学组组长陈先达教授指出，文化自信不仅仅是简单的文化口号，而是基于中华民族苦难和奋斗史的文化自觉与自豪，是中华民族寻找伟大复兴之路的文化史展示，是一种热爱自身民族文化又海纳百川的包容精神。红色体育文化的发展，正是基于海纳百川的中西方文化包容精神而发展快速，它取材于中国革命战争年代的战斗和生活，吸纳了西方体育项目特点，创设出不仅具有时代印记又符合现代体育活动与比赛的独特模式，如抢收南瓜赛、抬担架比赛、独轮车比赛、单腿比赛、手雷掷远等红色体育项目。红色体育不仅仅是一种身体运动，更是一种教育手段和生活方式，充当着体育文化和中国优秀传统文化的载体，目的在于传承文化、增进身心健康和促进人的全面发展。红色体育文化以其传承产品的创新性，不同于一般载体的革命性、导向性、教育性、涌现性、凝聚性和激励性，展现出红色体育文化的传承优势。大学作为文化和人才资源争夺高地，肩负着文化传承创新和为国家培养人才的使命，大学体育传承创新红色体育文化，有利于大力弘扬中华民族优秀传统文化，有利于在中国特色优秀传统文化熏陶下重塑"求真育人"大学精神，有利于忆苦思甜促使大学生形成良好的道德品质，增进文化自信，推进高校素质教育。

习近平总书记讲到，文化是一个国家、一个民族的灵魂，没有高度的文化自信，就没有中华民族伟大复兴，要坚持中国特色社会主义发展道路，激发全民族文化创新活力，建设社会主义文化强国。中西方体育文化通过交流与融合，使得人类文化体现出全球共享性，在文化交流过程中我们要学会思辨，要善于处理好中国传统体育文化与西方体育文化的关系，文化的全球化并不等同于文化的同质化，我们务必要认同自身民族独特的体育文化价值。大学是文化交流与传播的主阵地，大学体育要确保本民族文化特性不被西方主导的体育价值观所西化，以中国优秀传统文化为理论支撑，在不改变民族文化本色的情况下进行传承与创新，同时以中国优秀传统文化的包容精神，彰显中国传统体育文化的魅力。

第二节　我国大学生体育人文素质教育

研究体育人文素质的实际意义是体育运动将以实现以人为本，走向群体利益为重、长远关注个体和人类发展的立体层次，突出它的文化内涵，满足人的深层需要。本文分析了现今我国普通大学生体育人文素质教育的现状，指出了人文素质培养的误区，并提出了应对策略。

著名科学家爱因斯坦曾尖锐地指出："学校的目的始终应该是：青年人在离开学校时，是作为一个和谐的人，而不是作为一个专家，仅仅用专业知识育人是不够的。通过专业教育，它可以成为一种有用的机器，但不能成为一个和谐的人，要使学生对价值有所理解并产生热忱的感情，那是最根本的。它必须获得对美和道德上的鲜明的辨别力。"大学生是未来的栋梁，是国家和社会未来的建设者，在学好理论知识，加强专业技能的同时加强体育锻炼，培养自己的体育人文素质也是每一个大学生特别是非体育专业的大学生所应该达到的要求。

一、目前大学生体育人文素质培养现状

（一）学生方面

大学生普遍存在对体育人文素质的认识不足，对体育的含义认识不足，缺乏正确的理解的现象。主要表现为：

1.体育就是比赛。运动成绩好，身体就强壮。

2.体育课和课外体育锻炼对增强体质没有明显的相关性。

3.普遍认为体育理论的教学没有必要，不如直接上操场进行活动。

4.科学的体育知识与体育锻炼不能相辅相成。以上这些也是反映了应试教育的缺陷。

5.学生人文素质令人担忧。以一部分大学生为例：缺乏基本体育知识，更不善于将所学知识运用于体育活动实践；缺乏奋斗与实干精神以及顽强的意志品质；珍惜时间与注重效率的观念不强，进取心、纪律性、责任感和团结合作精神差；表达能力与社交能力差。

（二）教师方面

教师素质是实施素质教育的核心，而教师的素质却又反过来影响着素质教育的实施。主要表现为：

1.片面强调教学内容的完成，忽视了这一教学内容学生能否接受。

2.教学方法仍然是需要学生掌握多少技术，完成多少量，考什么、测什么就教什么、练什么现象较普遍，而忽视了学生参与过程。

3.认为非体育专业学生只要身体健康体育达标就可以了，缺乏培养非体育专业大学生体育人文素质的意识。

此外，学校在培养大学生体育人文素质方面还是存在着某种缺陷的，具体表现在：对体育教育思想特别是非体育专业学生的体育教育思想缺乏认识、大纲和教材理论与实践脱节、人文素质教育体系处于空白状态。

二、对策

（一）学生方面

加强对学生的思想教育，提高他们对体育素质教育的认识。在体育教学中，就反映出部分学生缺乏勇敢顽强、吃苦耐劳的精神，主要表现在耐力和力量素质的练习中。因此，在体育教学中，通过体育项目的练习，培养他们的竞争意识、开拓精神，还要培养他们吃苦耐劳的思想品德。要经常不断地开展多种多样的群众体育活动，通过各种体育比赛，培养学生的合作精神和坚强毅力，使他们全面健康成长。

新世纪社会发展的特点及其对人才素质的要求，对体育课程内容体系提出了挑战，促使体育课程观念大转变。学生在体育中所要掌握和培养的东西将不再仅仅是身体素质和简单的运动技能。学习运动健身技术、体育理论知识以及社会文化内容将成为学生执着追求。学生对社会需求是多方面的，如科学需求，审美需求，社会生存需求等。尤其是在就业压力不断增大的今天，学生对社会需求表现得尤为强烈。拓展人文体育教育的内容，应该建立以人为本、淡化竞技，注重健身，增强体育意识，发展学生个性，培养体育能力，养成锻炼习惯为中心的新的内容体系。体育教学应该有一定的知识容量和文化底蕴，如体育社会人文学、运动人体科学和健康教育学等。应根据学校实际情况和学生个体差异，尽可能开设学生感兴趣、乐于接受的体育项目。

（二）教师方面

追求科学，养成良好的道德品质修养。道德品质是由道德的认识、情感、意志、信念、行为和习惯等基本要素构成的。道德认识是前提，情感是基础，意志是力量，信念是动因。高师体育教师只有具备道德认识和情感、思维，才能以追求科学和进步的态度，来认真对待运动变化的客观世界，才能具备高尚的道德行为．即坚定信念、甘于奉献，为人师表，工作勤恳，具有进步的文明行为及益于他人的道德行为准则。

完善知识结构，加强语言文化修养，提高审美情趣。"提高大学生文化素质，提高全体教师的文化素养，提高大学生的文化品位"这一新的教育理念，无疑对高师体育教师提出了新的要求。掌握历史知识，使人具有洞察力，使人产生民族凝聚力及爱国主义情感；掌握哲学知识，使人分析问题透彻、精辟、深邃，能培养人的思辨能力和审美能力；懂艺术，可以使人产生审美情趣，培养人的艺术欣赏、鉴赏水平；懂语言，可以使人思维敏捷、语言流畅，培养人的语言文学表达能力。无论人们怎样理解，提高人文教育中这些极为重要的内容，对教师本身思想及感情的熏陶、感染、塑造具有其他的教育无法替代的作用，尤其是作为人的思维活动的载体——语言文化，更是表现人的文化修养及知识体系的显著特征。体育教师在提高形体语言——示范教学的同时，应提高自身的语言表达能力和审美情趣，因为人的思维能力与思维状况只有通过语言准确地表达出来，才能使人类的思想交流形成和发展，才能在教学过程中更好地体现教师的主导作用。

丰富知识层次，加强社会学科学习。知识是能力、认识的基础，又是力量的源泉。体育教师除具有精深的专业知识和合理的知识结构外，还应研究教育科学，懂得教育规律，掌握社会学、道德伦理学、心理学、行为学、人际关系学等边缘学科的基础知识。因为市场经济的交换方式、利益机制，容易使人屈从物质、实用、功利的诱惑，从而表现出丧失道德伦理、行为准则规范、人情冷漠淡薄、人际关系疏离、心理状态失衡等现象。在人类面临严峻的精神危机、道德危机的今天，加强社会学科知识学习，加强人文知识的教育，呼唤理想的重铸和精神的回归，呼唤人文的复兴和道德的重建，是历史与时代赋予教育的神圣使命，也是高师体育教师义不容辞的责任。

（三）学校方面

针对学生学校可以推行"四个相结合"，即：一是普及与提高相结合，推动学校体育运动的开展和全民健身活动。二是一般性基础项目与专项相结合，提高体育素质教育的效果。三是把单一的课堂教学变为课内与课外体育活动相结合，通过课外各种体育培训、体育比赛活动、激发学生运动兴趣，提高锻炼自觉性，使学生养成良好的运动习惯。四是体育实践与体育理论相结合，培养学生良好的体育人文素质。针对教师则采取有效措施鼓励教师为推进全面素质教育进行再学习、再研究，提高自身的全面素质。如经常聘请外地、外校名师来校讲学，上示范课，共同提高教学水平；或采取走出去学习等手段。

三、结束语

终身体育教育是目前全面推进素质教育的新举措，而体育是其重要内容之一。作为高校体育工作者应跟上时代的步伐，把握契机，坚持改革，在高校体育教学改革中，以实施素质教育为指针，克服"应试教育"的消极影响，建立有中国特色的高校体育教学体系。

第三节 大学生终生体育意识的培养

从素质教育的角度提出，对大学生终身体育的意识培养，应关注学生运动爱好和专长的形成，多渠道丰富学生的体育知识，陶冶学生的良好情操；应积极构建校园体育文化氛围，培养学生热爱体育活动和欣赏体育的能力，从而激发学生对运动的兴趣，使之养成锻炼身体的习惯。

《国务院办公厅关于强化学校体育，促进学生身心健康全面发展的意见》指出，大学体育课程的基本目标之一，是使学生能够"积极参与各种体育活动，并基本形成自觉锻炼的习惯，基本形成终身体育的意识，能够编制可行的个人锻炼计划，具有一定的体育文化欣赏能力"。实现这一要求首先就要弄清楚什么是终身体育的意识，怎样培养大学生终身体育的意识。

一、终身体育的意识概念及其构成

（一）终身体育的意识概念

终身体育的意识是指人们对终身进行体育锻炼的认知、习惯和能力的总称。终身体育的意识具有以下主要特点。

第一，内隐性。尽管终身体育的意识可以导致一系列的体育行为，但它本身是看不见摸不着的。终身体育的意识不等于体育行为，终身体育的意识是内隐的。

第二，客观性。这是因为终身体育的意识一方面是人脑这个自然物质的机能和属性，另一方面终身体育的意识的来源是客观存在的。

第三，社会性。任何人的终身体育的意识都不是与生俱来的，而是在长期的社会生活中，通过与他人的交往和相互作用，通过大量的体育实践活动而逐步形成的。

第四，能动性。终身体育的意识能够支配和调节人们对体育和体育活动的意志和情感体验，能够限制或推动人们的体育活动，能在体育活动中对自己和活动提出要求。

（二）终身体育的意识概念构成

终身体育的意识包括健康意识、体育知识、体育技能三个方面。

1. 健康意识

世界卫生组织在其宪章中明确指出："健康不仅仅是没有疾病或不虚弱，而是身体的、精神的健康和社会适应性良好的总称"。有积极参与各种体育活动的兴趣与爱好，并能通过多种多样的体育活动，确立适合自己锻炼身体的项目，形成自觉锻炼身体的习惯。

2.体育知识包括生理卫生常识、体育人文知识、体育锻炼常识三个方面

具体地说就是初步了解人体身心发展的规律及基本的生理常识；了解体育活动对人体生理、心理健康的作用；能够科学地、有计划地安排体育锻炼；了解和掌握相关体育人文知识；具备对体育赛事的欣赏能力和初步评价能力等。

3.体育技能

体育技能是指学生应在学会多种基本运动技能的基础上，熟练掌握两种以上健身运动的基本方法和技能，能科学地进行体育锻炼，提高自身的锻炼能力；掌握常见的运动损伤的处理方法；选择适合自己的安全的体育活动的方式和方法。

二、大学生终身体育意识形成的原因

（一）学校体育教育思想的发展

纵观新中国成立以来，学校体育教育思想的发展过程，有过重要影响的思想主要有：

1.增强学生体质的思想。在这种思想指导下，打破了以竞技体育项目为主的教学内容，确立了以技能教学为体育教学目标的教学体系。

2.技术教学的思想。有些学者认为，掌握运动技术技能的思想，过去、现在和将来，都是学校体育的重要思想之一。

3.快乐体育的思想。这一思想是在否定体质锻炼和技能学习的枯燥乏味的基础上流行起来的。快乐体育在重视学生的个性和学习的兴趣方面是与素质教育的思想相通的，但是否应该使体质和技能的目标由显性转为隐性是值得讨论的。

4.终身体育思想。终身体育思想的提出，是受终身教育思想的影响。终身体育思想是把人一生的身体锻炼问题看成一个系统，把学校体育看成人一生身体发展的子系统。它把学校体育的视角从关注学生的当前扩展到关注学生的未来，甚至终生。它也体现了体育教育中的素质教育。

5.综合性学校体育思想。由于体育多功能的特性，也由于上述学校体育思想存在的问题，有不少中国学者产生了综合性学校体育思想。综合性学校体育思想引出了学校体育多目标的问题。虽然在体育目标关注问题上有一个两难问题，检查与评定无现存的模式，但我们可以在实践中不断探索，不断丰富和完善它。只有贯彻终身体育思想，才能形成大学生终身体育的意识，才能实现素质教育的目的。

（二）当代大学生个体发展的新要求

1.大学生个体主观需求

从大学生的年龄特征来看，他们的价值观、人生观已基本形成，并日趋成熟、稳定，他们对在中学阶段所接受的体育教育的认知、目的和意义有了一定的水准。在大学阶段的体育教育中，更热衷于追求个性化的体育需求。因此，大学体育教育有必要引导学生从个性化的体育需求向终身体育方向发展。

2.社会发展对当代大学生个体发展提出新的要求

社会的发展，对人才的要求也随之发生变化。现代社会对人才的要求可归纳为健壮的体魄、高超的智能、良好的心理素质、良好的职业道德和协作精神。健壮的体魄应当是体质良好、体能全面、自理健康、道德高尚。当代大学生的个体发展，只有顺应时代的要求，在进入社会后，终生从事体育锻炼才能维持机体健康。所以，在高等学校体育教育过程中，必须使学生形成终身体育的意识。学生只有形成了终身体育的意识，才会在校外、在进入社会后终生从事体育锻炼。

三、促进大学生终身体育意识形成的对策

（一）激发学生运动兴趣

从行为科学角度来看，所谓运动兴趣是指人积极探究体育运动或参与体育活动的倾向，这种倾向带有强烈的目的性。人的行为都是有诱因的，任何行为同时

又是有目的的。人的兴趣是在社会实践中发生、发展起来的，这种后天形成的倾向是可以培养的。就学生运动兴趣而言是多种多样的：有运动本身所引起的直接兴趣，也有运动目的和任务所引起的间接兴趣；有产生于活动过程，有在活动结束后即时消失的短暂兴趣，也有成为个人心理特征的稳定兴趣等。直接兴趣和间接兴趣又是密切联系、相互转化的。在体育教学中缺乏直接兴趣，会使教学枯燥无味，没有间接兴趣学生会丧失学习的毅力。例如，学生练习800m跑，比较单调枯燥，缺乏自然的直接兴趣，但这是耐力素质项目之一，必须达标才行。基于此，学生就会自觉地把注意力控制在这上面。所以，直接兴趣和间接兴趣的有机结合是激发学生运动兴趣的重要手段。因此，在学校体育教学过程中，体育教师在指导和组织学生进行体育活动时，应注意充分地挖掘学生对运动的内在乐趣，无论是讲解、示范和组织教学，都要集中学生的注意力，引起学生的兴趣，调动学生参与运动的积极性，让学生在运动中能充分表现出自己的运动才能，感受到参加运动对自己体质增强的实效，从而激发对体育运动的兴趣。"教学艺术的本质不在于传授本领，而在于激励、唤醒、鼓舞"。兴趣是最好的老师，兴趣和爱好不但对学生的学习过程具有重要的意义，对课程最终目标的实现也具有积极的作用。

（二）关注学生运动爱好和专长的形成

现代学校体育的最大问题之一，是多数学生离开学校后，与学校体育教学的内容相揖别。在学校学习到的很多运动技术、方法，在一个人的体育生涯中仅仅是匆匆过客。为什么学了几年体育，一出校门便与体育无关了呢?主要原因有二：一是学生所学的内容繁杂而不实用，二是忽视了学生终身体育的意识培养。为此，新一轮高等学校体育教育改革，在教学思想上改强制性为自主性，从强调学校学习期间的阶段性效益跃升为追求阶段性效益与长远效益相结合，注重学生的体育意识与终身体育意识的培养。大学体育教学应把培养学生的运动兴趣、爱好和专长放在首要位置，不应要求学生样样运动项目都要学习。毛泽东同志在《体育之研究》中，对体育方法的多少的辩证表述是："应诸方之用者其法宜多，锻一己之身者其法宜少。"实践证明，学生对运动项目样样都学，样样都不精，难以形成自己的运动爱好和专长，难以使学生形成体育锻炼的习惯。应提倡根据学生的兴趣和爱好，有选择地学习一项或几项运动项目，形成自己的专长。有了专长，他们才能在专长运动中体验到成功感、愉快感和自我价值感，进而提高参与体育学习和活动的积极性，锻炼身体的习惯才能养成。

（三）多渠道丰富学生的体育知识

《纲要》规定，每学期安排10%的理论教学内容，扩大学生体育知识面。理论课应是向学生传授体育知识的主要渠道。"通过体育理论课的讲授，教师不但要教给学生体育保健与卫生知识，还要教给学生竞技运动知识；不但要教给学生获取体育知识和信息的方法，还要教给学生对体育的欣赏和评价的方法"。另外，体育教师在运动实践教学中也要注意渗透相关体育人文知识。通过体育知识的传授，使学生对体育的目的和意义有更加明确的认识，为他们形成终身体育的意识，在思想认识上打下良好的基础。

（四）构建校园体育文化氛围，培养大学生高尚的体育情操

构建校园体育文化氛围是实施"素质教育"，培养大学生终身体育的意识和完成学校体育任务的重要途径。校园体育文化具有丰富的体育知识和运动文化，能培养学生的爱国主义精神、集体主义精神，能促进大学生终身体育的意识形成和教学质量的提高。

1. 开展丰富多彩的校园体育文化活动

比如，组织校园体育节活动，在体育节期间，利用课余活动时间，开展体育文化宣传教育、体育比赛、体育专题讲座、体育图片资料展示等活动，可在很大

程度上提高大学生对体育活动的兴趣；组织好课外丰富多彩的体育活动，来提高学生的锻炼意识和积极性；上好体育课，充分利用体育课时间，加强体育技能的学习，介绍锻炼身体的方法及内容，从而增强校园体育文化氛围。

2.培养大学生观赏体育比赛的能力

观赏体育比赛，是陶冶学生情操、培养学生热爱体育活动、欣赏体育的重要手段。为了使学生更好地欣赏体育比赛，要做到：一是组织专项运动讲座，让学生了解专项运动的基本规则，学习技术、战术知识，变"看热闹"为"看门道"。二是组织好学生观摩比赛，在观看比赛前，对所观看的运动项目的规则、技术、战术特点等做适当的介绍，使学生在观看时熟悉比赛的内容，激发学生观看的兴趣。观摩后组织学生进行讨论，及时进行总结，从而提高大学生观赏体育比赛的能力。

总之，对大学生终身体育的意识培养是一个系统工程，既要关注学生在校学习期间的阶段性效益，又要追求学生走出校门后的长远效益。就其培养过程而言，激发学生运动兴趣是关键；关注学生运动爱好和专长的形成，养成良好的锻炼身体的习惯是根本；多渠道丰富学生的体育知识，使他们对体育的目的和意义有更加明确的认识，为他们形成终身体育的意识是基础；构建校园体育文化氛围，陶冶学生情操，培养学生热爱体育活动和欣赏体育的能力是条件。

第四节 大学体育课堂中德育渗透的有效途径

在素质教育大力提倡的今天，德育成了教育中的重中之重。体育课堂作为现代化教育中不可缺少的一部分。纵观体育课堂与德育之间的关系可知，两者是相互交织、相互促进的。因此，在大学体育课堂教学中，教师必须重视德育在其中的实施。面对大学体育课堂教育中存在的问题，更是需要采取有效的解决办法。同时，本文也将针对大学体育课堂中德育的渗透途径进行深入分析，进而促使学生身体素质得到提升的同时，思想政治得到全面发展。

新时代的到来不仅改善了人们的生活质量，而且让人们打破了传统的思想观念。在此背景条件下，加大对大学生的德育教育显得尤为重要。再加上新时代要求大学生具备强健的身体素质。因此，在大学体育课堂中实现德育渗透成为学校关注的重点。然而，经有关研究调查可知，德育在大学生体育课堂中的渗透形势并不乐观，且存在许多问题。这些问题若不能得到及时解决，势必将影响学生今后的全面发展。基于此，加大对大学体育课堂中德育有效途径的实施研究显得极为迫切。基于此，本文首先对两者之间的关系进行分析，进而对体育课堂中实施德育的特点进行阐述，最后针对实施中存在的问题提出了有效的实施途径，希望能够为提高大学体育课堂教学质量提供参考。

一、体育课堂与德育之间的关系

纵观大学体育课堂与德育可知，两者的关系大致可体现在两个方面。一方面，德育是体育的重要组成部分。从本质上讲，体育是用教育的方式实现对学生健康身体培养的过程。体育主要是通过对人身体的锻炼与身体运动技能的训练来促进人身体的正常发育，强化人的身体健康，磨炼人的意志，最终让人的身心得到全面发展。可见，在这一系列过程中，锻炼身体、强身健体是体育带来的直接意义，而磨炼意志等则是体育带来的深层意义。前者是体育范畴，后者为德育范畴。体育与德育两者不仅统一在培养人的活动中，而且存在于教育的整体结构中。因此，可以说体育课堂教学中包含了德育，德育是体育课堂教学的重要组成部分。另一方面，德育有利于引导体育。德育与体育彼此之间是相互联系与促进的。之所以这样说，其原因主要在于：体育中包含了德育，而德育又对体育发展有着促进作用。也就是说，在体育课堂中，只有树立一个积极、正确的体育锻炼思想，才能在体育活动中体现出勇于拼搏的精神，才能让体育发挥积极锻炼的作用。

二、体育课堂中实施德育的特点

体育课堂中实施德育的特点通常体现在以下几个方面。

1. 开放性。高效的体育课堂教学往往是以室外为中心开展教学活动，具有广阔的开放空间。也正是因为这种广阔的开放空间，学生才能在课堂活动中，将自己的学习态度以及注意力等诸多心理活动全面表现出来。

2. 动态性与实践性。身体活动作为体育教学中的基本特征体现，学生的大部分思想品德都是在经过一系列体育运动后磨炼而成。例如：学生在直接参与运动的时候，疲劳与疼痛等情感与思想将直接显现出来。所以，体育教师此时必须根据学生课堂上的实际表现进行针对性的德育教育。只有这样才能让整个教学达到事半功倍的效果。

3. 交往性与社会性。体育课堂的实施是教师与学生之间、学生与学生之间进行有效交往的过程。在交往过程中，其将产生双向沟通与多项沟通等模式。在该交往中无论哪种模式都能为教师与学生、学生与学生提供更多面对面接触交流的机会。与此同时，可让教师与学生彼此之间形成和谐融洽的教学氛围。

4. 突发性与即时性等特点。体育课堂教学中通常会发生许多行为偶然事件。因此，在体育课堂中，教师应及时把握这些典型实例，为德育实施提供正面引导，促使德育融入体育课堂中。

三、德育在大学体育课堂实施中存在的问题

通过上述对德育与体育课堂之间的关系与体育课堂中实施德育的特点分析可知，做好大学体育课堂中的德育实施尤为重要。但经研究调查可知，德育在大学体育课堂中的实施现状并不乐观，且存在很多问题。

（一）忽视了学生在课堂上的主体地位

古往今来，有关教学的方法成千上万，不同的教学方法最终带来的结果亦有不同。因此，在教学中，选取最佳的教学方式开展教学活动尤为重要，其不仅有利于提高教学质量，而且可达到前所未有的教学效果。然而，纵观我国体育课堂上的德育实施可知，在体育课堂德育实施上，教师依旧采用传统的说服法与榜样法进行。这类方法虽然有助于优化学生的思想观念，但与此同时，因这类方法在实际实施中会受到教师中论思想影响，导致体育课堂德育实施一味以单纯说教为主，严重忽视学生在体育课堂上的主体地位，最终导致体育课堂中的德育任务及目标难以落实。

（二）没有重视大学体育课堂中的德育实施

目前，学校没有重视大学体育课堂中的德育实施主要可体现在以下几个方面。首先，学校没有针对体育教师制定合理的评价机制，特别是在内容评价上。当前，许多学校在评价体育教师时都只看重学生的体育成绩，并没有把德育在体育课堂中的实施视为考核内容之一。其次，受体质教育思想影响，在体育课堂中，教师大都只关注学生的体质及运动技能教学，忽视了德育这些隐蔽课程实施。

（三）学校没有给予大学体育课程德育有效的支持

德育在现代化教育中虽然占有重要的地位，但从大学体育课程教学现状来看，德育在真正实施时仍处于一个次要的位置。学校也没有将德育视为衡量教学效果的标准，在学生评价上通常只看重学生的学习成绩，缺乏对学生德育的明确要求。

四、大学体育课堂中德育渗透途径

由上述可知，做好大学体育课堂中的德育工作尤为重要，无论是对最终的体育教学而言，还是对学生今后的发展都有着不容忽视的作用。基于此，面对大学体育课堂中德育渗透存在的问题，必须采取有效的措施，促使德育在大学课堂中的有效实施。

（一）严格执行常规体育课堂

所谓常规体育课堂主要指在体育课堂中，为了保证体育教学工作顺利开展而对体肓教师与学生给予的一系列基本要求。与此同时，常规体育课堂也是学校体育教学管理中不可忽视的重点工作。之所以这样说，其原因主要在于：常规体育课堂能够在帮助学校建立正常教学秩序的同时，加强学生思想品德教育。在多元化发展的今天，受各种外来思想文化的侵入与影响，开放且多元的价值观念正迅速影响学生的价值观与道德观。例如：普遍的道德滑坡现象等。因此，在大学体育课程中必须严格执行常规课堂。只有这样才能保证正常实施体育课堂德育的同时，让学生在强身健体之余，养成灵活的课堂习惯与道德观念。例如：可在大学体育课堂中贯彻学生的时间观念，让学生做到不早退、不迟到，针对体育课堂学生思想观念错误的地方，教师应及时指出、纠正，让学生通过小事明白做人做事的道理。另外，要想实现高效体育课堂，教师可在课堂中安排一个游戏活动，并让该游戏活动具备一定规则、思想主题。同时，结合游戏特点，培养学生自觉遵守游戏规则的习惯，并让学生在游戏活动中养成良好的思想品质观念。

（二）选择科学合理的教学方式

在体育课堂中选择科学合理的教学方式不但有利于学生掌握体育知识及技能，而且有助于培养学生正确看待问题的能力。例如：体育教学中需要通过教学内容与教学器材的不断变化，或者是在思想教育中，要求学生动作要整齐。另外，学生个人意志必须服从集体需求。也就是说，在大学体育课堂上，只有符合并且遵守体育的规章制度，学生的个人行为才能得到集体的认可与全面发展。例如：在集合与报数中。这些要求与规定不仅有利于学生规范自我行为，而且能够让学生在个人与集体关系的处理上，强化自我思想纪律，养成良好的道德意识。

（三）充分发挥教师的领导作用

教师作为体育课堂中的重要组成人员，在体育课堂中，教师的一言一行以及道德作风等都将会对学生产生深刻的影响。因此，为了在体育课堂中实施德育，教师必须端正自我言行，用自身良好的道德素养带给学生潜移默化的影响，让学生在锻炼身体、掌握体育技能的同时，增强自我道德意识。另外，教师在体育教学中应改善只重视学生身体素质锻炼的教学观念，重视德育渗透。以上就是大学体育课堂的德育渗透途径，有关人员需要对其加以重视，只有这样才能在提高大学体育课堂教学质量的同时，帮助学生树立正确的思想观念。

五、结语

随着社会经济的快速发展，加强学生道德教育与提高学生身体素质随之成为教育的重点。通过上述对该方面内容的深入分析可知，道德与体育课堂之间的关系是相辅相成的。因此，面对大学体育课堂德育渗透存在的问题，学校必须采取有效的措施，进而促使德育在体育课堂教学中得到高效实施，为学生今后的全面发展奠定良好的基础。

第五节　大学体育文化解读与审视

高校学科的形成过程中，文化是研究大学学习课程的基础，高校文化与课程紧密相关，缺一不可。如今，大学的体育学科从需求方面也在进行着更新与换代，因此体育学科文化价值的形成便尤为重要。本文通过解读大学体育科目和大学体育课程的文化，并进行审视大学体育课程和文化的关系。从而进一步发现大学体育科目文化危机，如重视技能，忽略了情感意志品质方面的培养。并提出切实可行的建议策略，从而提高大学体育课的教学质量，弥补大学体育课课程的等文化方面的缺失。

普通高校是我国培养优秀人才的重要基地，高等教育对于优秀人才的培养不光有知识与道德的培养，还有对身体健康教育的内在要求。学习者在校进行体育锤炼，一味地追求成绩却没将体育运动锻炼作为终生运动方式的选择。这现状说明了当代体育课已经进行了深入的研究，但根据研究显示，体育课还存在着如德、智、体、美没有均衡分配，没有培养学生终身体育的意识的问题，以改革为核心，从供给侧入手推动新一轮"全面改革"时代的制度变革创新。学校教育就是供给侧，学校应当培养适应型人才，这样培养出来的学生才能更好、更快地适应社会生活，因此应全面提升学生的综合素质。由此可以看出，体育课堂不仅要进行身体的训练，还要进行心理能力和意志品质的培养。新世纪大学生对体育课教学内容与质量的要求越来越高，但是我国体育学习锻炼只关注学习者技能方面掌握的培养而遗失了学习者情感方面的教育。为此，对于现代大学生对体育课堂教学的要求，针对大学体育课课堂的教学改革势在必行。

一、大学体育课程文化的解读

（一）大学体育课程。

高校体育学科是在校学习者以身体锻炼为主要手段，体育教师运用正确的体育教育和科学的体育磨炼方法，使学习者增强身体的素质、增进健康和长进体育基本能力为主要目标的公共必修的学习科目；是学校体育学科体系中非常关键的构成之一；是高等学校体育工作的中心环节。体育课程的任务与目标主要以提升素质强身健体培养终身体育的意向。王华倬认为，体育学科本身就是一种特定的文化现象，是体育文化传统和体育文化积淀的产物，在一定程度上是体育文化的集萃，展示了人类体育文化的精华；文化作为学科的基础，并为学科设定了大概的范围，如果脱离文化，体育学科的传承必将受到影响。

（二）大学体育课程文化。

体育学科文化一般包含两层意思：一是体育学科是特定社会群落文化的出现；二是体育学科本身的文化特性。其一的阐述主要是就体育学科是一定的社会文名的载体，其二的阐释则就体育课程本身作为一种特别的文化构成。体育学科文化与体育学科是相互依存的关联，大学体育学科文化是按照社会对大学生的务求，基于学生对体育文化的选择、整理和提炼而转化成的一种大学体育课程理念或大学体育学科活动形态。体育课程不仅是知识的传播，更是文明的传播，传播和发展适应性人才对社会和学生本身也具有重要的意义与价值。要认识到文化的创新。高校体育科目作为一种文化留存的根本性特点，大学体育学科文化只有在文明传承的基础上不断推陈出新，不断超越自我，才能保持与时俱进的文化品格。因此，大学体育学科文化建设必须以学科建设为中心，重新检定文化价值，让学科拥有深层的文化内涵并维持特定，文化的张力，以激活学习者的文化想象力和文化创作力。高校体育学科的文化创新就是要对高校体育学科的文明传承论理进行丢弃，还原高校体育学科的文化主导地位，使体育课程文化由"虚无"变为"实在"。当今社会是多元文明的时代，每一种文化都有其独创性和充实价值，只有发展水平和发展特点上的差异，不存在本质上的优劣之分。因此，面对纷繁复杂的文化背景，只有理清楚体育课程与"文化"的关系，才更好地促进体育课程之发展与转型社会之需求的相融合，最终目标是使学生成为受益人。由此可知，以"文化自觉"为理论依托，审视大学体育课程对不同文化群体的影响，促进不同文化群体互生共存，并对同一文明中的他文化，对于不同文明的他文化抱有平等与尊重的态度，互相学习，在历史进程中求发展是必须而且是不得不面对的问题。与当代社会脱离没有提供适应性的社会人才，高校作为社会人才摇篮，培养适应社会的人才是其任务，除了基本的业务水平之外，培养他们坚韧不拔的意志品质和积极进取的活力也相当重要。

二、大学体育课程文化的审视

（一）学科功能和深造方式具有重要的理论现实意义。

通过查阅各类刊物书籍发现，全国的高等院校体育课均有类似的问题，例如学科安排的目标不清晰，各大学体育学科是学生们不能缺少的必修科目，确实需要充分发挥它的育人作用，落实本质方面的教育，长进学生的整体素质，提高他们的体质，促进他们身体和思想的全面成长。但是，许多高校在课程的指导思想上不够清晰，没有真正把心理健康和身体正常摆在首要的地位上。学生体质下降的同时精神层面的东西也在丢失，面对学生踏入社会意志品质方面问题导致其种种不适，学校体育课程的设置与培养起到了关键作用。行之有效的传授与培养对于实现学科功能和学习方式具有重要的现实的意义。一可以改变单一的体育课上课内容，让体育变得更加有文化性，让学生在体育课中得到更高层次的提升；二能提升学者们在体育学科学习中的自主性；三使学生的综合能力得到培养与增强；四使学生更好、更快地适应社会的工作与生活，因此对大学体育课教学提出了更具体的实际要求，对于课程传授者而言行之有效的教学方法对体育课至关重要。但也不能强调体质提高的作用，忽略了增进心理健康的作用；强调运动技能的掌握和传授，忽略了对体育应用型人才的培养。当代体育课主要目标是以技能教学为主，但还应加强学生情感方面的培养。

（二）全程育人，全方位育人。

培养学习者团结协作、坚韧不拔的意志品质，提升他们的综合素质，以适应瞬息万变的社会生活。对于情感培养方面无论是体育课还是其他课程均有被提到。在中小学的历史讲习中针对初集中学的身心发展的特点，探索初中生意志品质培养的有效途径和方式，具有十分重要的现实意义。相较于其他文化课程，体育课具有明显者场地与空间的优势，比如宽敞的训练场地，更清新的空气和四处的绿植。体育课在组织方面也更加丰富多彩，通过体育课不仅可以磨炼身体还可以培养学习者的组织能力和开拓精神。而再看文化课程，主要以教师为主，有计划地完成教学大纲，学生靠自己的兴趣完成的机会和时间较少。

（三）体育课程文化的超越。

体育文化作为文化的重要成分，在文化教育和科学课程的开展中，起到了不可低估的作用。大学体育文化课程，以贯彻体育文化，发展体育文化内涵为己任，是大学体育的精髓。体育课不同于文化课程，其要求组织指导学生完成他们感兴趣的更有主动性的活动项目，对学生的帮助极其之大，也极其重要。学科实施是体育学科意义生成的必经路径，它依托于强有力的、自上而下的纵向推进体制，在院所现场真切发生的体育学科实施，需要以校本化开发为根本，充分使用学校现有场地与器材设施以及潜在可开拓的资源，使学校体育课程更具有该校独有的特色形式，让其更有代表性与多样性，同时改变课堂的学习方式，存眷于学生自身的感受，使其在体育课上能够得到心理等方面的培养。另外，高等体育教育应该把培养社会所急切需求的人才作为人才培养事物的出发点和落脚点，以最终就业为目的，建议高校采用"订单式"的培育形式，按照社会、企业需求去培养。知道社会需要什么样的人、积极地培养适应性人才极为重要，其意志品质方面也需积极地懂得去培养、去促进发展。

三、结语

现如今的体育课膜版型的上课形式与教育方式使导致学生缺乏对体育学习的

兴趣，这正是学校体育学科文化缺失的表现。体育学科文化自觉缺失，会使体育课程失去确确实实自己坚挺的理念与品格。大学体育学科是文明传承的主要工具，也是大学体育学科设置的基础，使大学体育学科表现出高度的文化文明性。因此，体育课程文化自觉理性补偿了当前体育课程重"体"轻"育"的缺陷。如在完成国家要求的基础动作上开设特色的自选项目，同时树立科学与人文的融合的大学体育课程，形成独特的体育文化精神，才能从基础上解决大学体育学科的文化缺失等问题。

第六节 大学体育引领社会体育文化研究

社会体育文化在大学生的引领下进一步发展是历史进步的必然趋势，也是当代社会和人们的需求。高校应当履行自己的使命，引领社会体育文化快速发展。当前很多高校已经营造出良好且具备自身特色的社会体育文化环境，通过结合多种路径，培养人才，影响社会发展。本文对大学体育引领社会体育文化发展提出有效对策，以期能够为社会体育文化的长效发展提供理论参考和帮助。

当前社会已经广泛认同大学的社会服务、科学研究、培养人才的这3个职能。但是随着我国社会经济的快速发展，人们生活的各方面都在发生着不同程度的改变，大学也同样如此，社会经济的发展要求大学也能够激发出新的职能。当前大学正从社会边缘逐步过渡到社会核心领域，这已经证实了大学生是思想和文化的交流中心和源泉，毫无疑问高校是仅低于政府部门的改革和服务的重要工具。自我国组建高校以来，高校就是文化精英聚集，科技创新的主要阵地。大学通过传播和创造文化、知识，对社会文化的改革和创新起着不容忽视的作用。因此，高校自身就具备着引领文化的这一职能。

一、加强大学体育精神培育，促进学生体育文化品位的提升

当前人们对于精英这一词的定义虽然还有着不同的看法，但是大众的理解就是不管是在能力，还是智力方面，精英都比普通人更加优越，对于社会的贡献更大。高校的主要职能就是培养社会所认可的精英人才，通过高校培养的人才，很有希望成为教育领域、科技领域、商业领域、政治领域的带头人。不可否认的是，高校可以有意识地对大学生体育文化品位进行提升，然后通过这些毕业的优秀人才在不同领域的影响力，对社会体育文化发展进行引领。高校学生体育文化品位的提升，一方面需要学校在组织领导方面进行加强，完善相应的管理机制，进而对校园体育制度文化进行假设，加强大学体育相应设施的完善。高校应当对自身在体育方面的工作成果进行总结分析，然后立足于自身发展实际，进一步提升体育精神。所谓的精神，其价值是不可捉摸的，是抽象的，但是高校能够以体育口号、学校体育哲学和优秀体育人物彰显自身的体育精神，以学校潜在的和外在的大学体育引领社会体育文化发展的有效对策研究李泽昊优势资源，对大学生体育意识进行影响和发展，同时促进学生形成正确的体育价值观，对其体育文化品位进行提升。高校在和国外进行体育交流的过程中，应当将自身的体育历史和文化底蕴彰显出来，能够将不同于他人的体育标识反映出来，对学校培养的体育人物进行深度挖掘。

二、挖掘体育文化传播平台，加强国家合作与交流

不管是哪个国家和民族，要想世界人民都能够接受自身的体育形式，第一点就应当在自己的国家内具备良好的群众基础，这是文化认同的一种体现。同样，大学体育想要在社会上提升自身影响力，同时对社会体育文化进行有效引领，就需要社会群众和大学生群体的广泛支持。高校应当加强国际合作和交流，对学校体育文化进行锤炼，同时积极挖掘多元化传播平台，将自身优秀体育文化传至社

会和大学生中。我国高校应当秉承开放性的原则，将大学国际合作和交流的优势发挥出来，有效处理全球化视野下外来文化冲击和吸收的关系。对于外来文化，高校应当保持积极引入的态度，吸取优秀外来体育文化的发展经验，并结合学校的自身实际形成独具特色的本校体育文化。所谓的传播，可以理解成主体通过媒体、符号等形式将信息传送给受众的过程，同时能够对受众的反馈积极接纳。当前国外的很多高校以多样化的宣传方式，形成了质量高、规模大的体育文化传播平台，这对于社会有着很大的影响力。我国应当充分借鉴国外在宣传体育文化方面的手段，尤其是美国等一些发达国家的高校体育文化传播和创造的手段。首先，高校体育应当先让学校相关社团、体育工作管理者、高校体育教师以及宣传体育文化的机构和部门能够对本校体育文化认可并接纳，然后引导他们成为学校体育文化传播的有效途径，向学生以及教师等人员进行学校体育文化传播。高校应当深度挖掘体育文化平台，可以建立微信公众号、建立微博，通过互联网和手机等平台途径，向社会居民、其他院校和教育行政部门进行体育文化的传播。高校应当对自己的公共形象做进一步的良好塑造，让高校成为社会体育文化的代表和典范，让学校的体育文化能够被最权威的社会公众所认识、接受和认可，进而对社会体育文化发展进行引领。也可以将学校内部体育场所向社会开放，比如说高校的篮球场、足球场、各种体育场所。一方面使得体育资源得到共享，学校能够获得额外收益，另一方面，对于学校体育文化的传播也有积极的作用。

三、发扬批判精神，引领社会体育文化

高校不仅应当对传统体育文化进行弘扬和传承，同时也应当以洞察的姿态看待体育文化。笔者认为高校体育文化的批判精神，首先应当体现在重建高校体育现实价值上面。地域的不同、社会历史时期的不同，以及经济发展的差异，都使得大众看待体育价值的观点也存在差异。这就需要形成一个明确的价值标准，对

人们理性、正确地认识当前的社会体育文化形成印象概念，并指引其向正确、合理、健康的角度发展。毫无疑问，高校批判精神对于重建体育现实价值的作用是非常巨大的。比如说，当前人文精神在竞技体育比赛中的削弱，体育部门领导受贿，体育比赛运动员违禁使用药物，体育粉丝暴力行为，以及我们所熟知的各种比赛赌博等现象，大学体育文化应当针对这些违背体育精神的现象进行批判。其次，笔者认为高校体育在向社会传播能够促进大众掌握体育文化发展的理论知识，抨击和批判各种体育文化和比赛中违法现象和不合理行为的同时，也应当积极参与到体育部门制定体育政策中。

李克强总理在2018年政府工作报告中指出，各级党政机关、政府部门应当以民主科学决策、重大问题民主决策制度处理各种问题。可以这样认为，政策制定民主化、科学化有赖于决策咨询智力支撑体系的保障，这是补充决策者因自身素质无法企及的一个重要补充方式。大学教育工作者和学生保持一种客观、科学的批判态度，能够促进体育主管部门在制定决策时的高效、合理。比如国家体育总局向不同地区征集科学研究课题时，对研究领域进行决策咨询，并招标战略发展研究课题，这对于教育主管部门的决策有着很大的助力作用。大学也应当发挥自身学科齐全、科研力量强大的优势，积极参与到政策制定中。

第七节　大学体育文化内涵建设路径思索

在素质教育发展过程中，大学体育文化作为一种现代化的教育理论，是素质教育思想之下的重要构成内容。大学校园文化建设是实现体育文化价值的有效途径。强化大学体育文化内涵建设，探究有效的路径，可以培养高校师生的体育精神与意识，这也是增强体育技能，塑造文化素养的有效渠道，可以提升高校教育水平，为社会的和谐发展奠定基础。

一、大学体育文化的内涵

大学体育文化就是基于高校环境为空间，在教师、学生的共同参与之下，通过体育教育与运动形式为主要的内容，组织开展各种具有时代精神的体育文化素养以及文化道德修养的一种群体性文化。基于社会学的角度分析来说，大学体育文化就是彰显了大学学生的社会需求。大学生体育已经在单纯的活动以及文化隔离状态之下脱离处理，形成一种体育文化，是一种锻炼身体的娱乐活动，具有运动、教育的功能，具有观赏性、参与性的特殊的文化体现。在现代的教育领域中，大学体育文化是教学文化中的重要内容。

（一）体育文化的社会性。

大学体育文化内涵的形成是一种动态化的、群体性的模式，体育文化的社会性发展会直接的影响大学体育文化的发展，是一种与社会时代有着密切关系的文化形式。

（二）体育文化的高校性。

大学体育文化以及精神的形成具有一定的时代价值与精神，是基于大学生的社会层次，认知能力为基础，融合了高校独有的特征，反映高校体育文化内涵建设的根本状况。

（三）体育文化的品格性。

大学阶段是学生体育文化修养的形成的成型阶段。随着学生年龄的增长，学生的思维能力的成熟，在知识的积累之下，大学体育文化逐渐形成。而大学体育文化可以塑造学生的体育修养、培养学生的文明素养以及道德情操，具有重要的价值与意义。

二、学体育文化内涵建设的实现路径思索

（一）形成大学体育文化理念。

大学的体育的文化内涵建设与发展具有独特性。大学要基于顶层设计为基础，重视环境设计。基于大学教育方针、政策为基础，全面落实各项政策手段，基于领导到教师、学生每个层次深入分析，构建系统化的体育理念，强化体育文化内涵的建设，进而形成完善的体育理念，凸显大学体育文化的价值与作用。

（二）完善高校体育课程建设。

体育课堂教育是高校体育文化的基础形式，也是学生掌握体育知识、提升体育技能，增强体育欣赏能力的关键手段。学校通过体育课程与活动的方式组织学生参与体育理论知识、学习体育技能，掌握科学的锻炼方式，提升自身的综合素质能力。对此，体育课堂要符合既定的教学规律，完善现有的教学体系，强化教育课程建设，可以充分地凸显教育文化一集团与文化。学生利用体育课程学习，优化思想品德，提升身体素质，通过科学的方式强化锻炼，养成良好的生活卫生习惯，可以精准、全面地掌握体育知识内容，了解体育文化，积极主动地参与体育活动，进而增强自身的文化修养。

（三）完善体育文化建设运作机制。

高校体育文化是一种通过群体方式出现的活动，参与人群较广，活动的范围也相对较大，在体育活动过程中要统一规范，对此要构建完善的体育文化建设运作机制，在实践中要加强对以下几点的重视：第一，构建完善的提组织机构。学校可以通过工作会议的方式总结、回顾、部署体育工作，制定完善的奖励对策与手段。第二，要明确体育工作分级以及管理机制。合理组织体育竞赛活动，加强指导，基于学生的特征与实际需求组织开展各种体育活动，在根本上推动校园体育文化活动的健康发展。第三，组织开展专项的体育活动，指导教师强化指导，提供场地，基于器材支持。

（四）完善基础设置，合理利用与管理。

随着高校办学规模的扩大，学生的办学实力在不断地提升，高校具有充足的体育场馆、体育设施以及体育教学设备，在实践中要合理地开发、利用各项体育资源，强化管理，在根本上充分地凸显其整体价值与功能，为高校师生提供良好的锻炼场合，利用体育设施与基础资源，创设一定的社会效益，进而为体育文化创造构建良好的物质环境。大学体育文化具有丰富的内涵，可以有效地丰富学生的生活与学习，充分地调动与激发学生的体育参与积极性，可以促进学生的个性发展。基于大学体育文化为基础，构建合理的体育文化内涵建设途径，营造积极健康、文明的校园体育文化氛围，可以让学生养成终身体育教育的观念，对于体育文化的持续发展有着积极的影响。

第八节　社会主义下大学体育文化发展

在这个飞速发展的新时代里，大学生不仅仅对知识的渴望，而对体育文化更加向往。体育文化不仅体现了国家民族精神，更能促进团结精神。社会主义核心价值观是社会进步的结晶，培养当代大学生社会主义核心价值观是实现中国梦必须经历的步骤。体育文化以国家、个人、社会三个层面交加产生的价值体系。体育是通过身体锻炼达到强身健体的目的。随着社会的进步越来越多的人重视体育文化，不仅是欣赏体育更是关注体育文化的发展。通过分析培养社会主义核心价值观、社会主义核心价值观下的体育文化特点、大学体育文化中的正能量来对了解社会主义核心价值观下的大学体育文化发展。

一、社会主义核心价值观的重要性

在2012年的党的十八大报告全中，社会主义核心价值观主要内容是："提倡富强、民主、文明、和谐、提倡自由、提倡爱国、诚信、友善等"。当代大学生作为社会的一部分，也应该为传播社会主义文化，弘扬体育文化中做出重要的贡献。因此，当代大学生对培养社会价值观是具有重要意义和影响的。在2013年发布的《关于培养社会价值观的观点》中提出，把培养社会价值观融进全民的教育中，并不断深入当代大学生的思想中去。这样不仅可以推动社会价值观进入学校，还可以提高当代大学生的创新思维。当代大学生作为受过高等教育的人，引导在科技进步的前沿、带领物质和精神文明的提高，更能够实现中国梦。培养当代大学生社会价值观不仅可以完备大学生本身修养、自身发展。更能够领导我国全面的发展，对实现中华复兴以及中国梦有积极作用。人类社会的文化历史表明，任何社会的子文化、亚文化，都离不开同一时期的主流文化、主要文化的影响。社会主义引导精神文化的建立，为体育文化建设指出了明确的方向。2014年颁发的《加快体育发展的意见》中将我国体育上升为我国战略，确切地指出体育发展对我国小康建立具有积极的作用。《意见》还指出了体育用品的制造和售卖、体育健身、竞技表演、中介资料等具有重要作用。

二、社会主义核心价值观下的体育文化特点

体育有利于聚集富强民主精神，表现了体育可以提升我国威信，凝结民主情感，抒发国家情怀等价值。体育文化发展不仅可以远离"东亚病夫"的称号，而且还可以促进小康社会的全面发展。体育呈现了一个国家的民族信仰。经济的提升是我国当今社会的转型期，我国的体育民族文化体现了以人为本的特点，呈现了当代人自由、民主以及健康的特点。同时也呈现了体育文发展使人民思想得到提升。大学校体育竞赛使大学生健身上升和提倡文明健康的生活。体育文化发展也在实现民族复兴的旅途中起到作用。体育以和平为原则民主主义和爱国思想的一致。体育在保护我们的健康、呵护我们的尊严。我国大学体育倡导的公平公正来源于儒家孔子的思想，其道德理念的确立更不是依靠理性的法律。西方的体育文化中的公平公正原则来源于古希腊文明中的认知主义，维护了奥林匹克运动会

的公平与公正。近些年来，体育项目得到创新，越来越壮大的体育赛事在公平公正的原则下得到了保障，运动员可以在这种环境下奋力拼搏。大学体育公平公正的观点实现了对大学生身心健康、民主自由、和谐发展。作为正面示范，体育可以称为提倡公平公正观点的方法。

三、大学体育文化发展中的正能量

"正能量"是当今最受欢迎的词汇，现在被当今社会所提倡。"正能量"来源于理查德的书籍《正能量》里面。作者把人体比喻成为一个能量场，通过刺激无限的潜能，可以让人们变现出来一个不一样的自己，让自己充满自信和活力。"正能量"是指一种积极乐观的生活状态。体育不仅是一种锻炼身体的高尚运动，而且同样可以带给我们精彩的赛事。体育所呈现的团队精神是可以代表一个国家的正能量精神的。奉承着"友谊第一，比赛第二"的原则，体现了教练员的尽心尽责和运动员的自由和民主。大学生是参加体育运动的最大群体。因此，大学生在生活中也应该充满"正能量"，如，在体育中的互相帮助、团结友善等。总而言之，体育的正能量是指我们所追求的"快、高、强"的精神。

体育是一种国际化语言，国际的体育比赛可以让我们更加了解国外的先进理念。拼搏的体育赛事可以让我们体会到以人为本的情怀。2008年的奥运会让别的国家了解到我们上下五千年的华夏文明和热情好客的特点。虽然只有十几天，但是我们可以深深体会到它所带来的影响并且渗透到我们的内心深处。当中国举办了越来越多的国际级大赛，我们可以感受到国家的强大变化和安康。体育运动所体现的正能量正在深深扎根于每一位当代大学生的内心，它使我们能够超越一切差异来找到对祖国的归属感。当运动员在赛场上努力拼搏，我们看到了运动员的坚持不懈；当两年一次的大学生运动会举行时，比赛中大学生可以更多地激发出正能量，为实现中国梦做出努力。因此，深化推进大学生的爱国主义和培养社会主义核心价值观的相融，是实现小康社会的前提。体育可以反射出一个团队的正能量，相互的配合、掩护以及得分都可以体现出团队相互帮助的正能量。在社会实践中大学生是主要参与者，更容易激发出更多的正能量。在这个小康社会全面发展的新时代中，体育文化的价值体现在许许多多的方面，对体育文化方面最大的群体——大学生来说，大学体育更加可以凝结爱国主义、民族精神、文明意识。

四、结语

通过培养核心价值观的重要性、社会主义核心价值观下的体育文化特点以及大学体育文化中的正能量三方面理解了社会主义核心价值观下的大学体育文化发展。通过体育赛事大学生可以理解公平公正的含义，在这个以社会价值观为主的国家构建的以国家、社会、个体相互融合的体系中，大学体育文化大发展越发重要。

第九节　校训精神在大学体育的作用

校训是一个学校的灵魂。校训体现了一所学校的办学传统，代表着校园文化和教育理念，是人文精神的高度凝练，是学校历史和文化的积淀。一所老牌学校的校训，为我们打开其历史文化之门提供了一把金钥匙，为我们眺望其精神家园打开了一扇窗户。

校训，作为一个标尺，激励和劝勉在校的教师和学子们，即使是离开学校多年的人也会将校训时刻铭记在心。校训也能体现学校的办学原则与目标。同时它也是一种文化，是一种面向社会的精神标志，能为学校起到一定的宣传作用。有些校训还对其本校的创建历史或文化背景有所反映，包含着较多的信息。

校训是广大师生共同遵守的基本行为准则与道德规范，它既是学校办学理念、治校精神的反映，也是校园文化建设的重要内容，是一所学校教风、学风、校风的集中表现，体现大学文化精神的核心内容。文内介绍了中外学校校训，校训的比较，校训的创作，校训的作用。

一、校训在大学中的现状

在许多的文章中发现，有的高校重视校训的宣传，教师和学生都知道本校的校训，对于校训都有着基本的了解，而有些高校的教师和学生不知道本校的校训，更谈不上理解。一般的学校都会注意本校校训的宣传，门口、网站和标志建筑物上都有校训的内容，可是在实践中，如何能让学生深深的记住本校的校训，高校更多的是在思想政治教育方面才给予学生教授。在其他课堂内容中，校训契合的机会就少。教师授课的时候更多的来自自身毕业学校对于自己的教学影响，复制当年自己的教师对于自己的教育教学。整个学校的教学都处于一种不太统一的风气之内。

二、大学体育课的作用

体育课的目的是通过体育教学过程，增强学生的身心健康，提高学生的体质，培养健康的观念，促使他们养成参加体育锻炼的习惯和重视自己的健康，还要重视培养学生的思想品德，提高学生的道德素质。同时，体育课培养学生顽强拼搏、吃苦耐劳，勇于竞争、团结协作等意志品质和社会意识。

三、校训精神在大学体育课程中的实践意义

（一）体育课作为公共课，有着教育全校学生的特点在高校中，体育课作为大学的公共课，有着巨大的优势，可以作为全校教育的改革试验课程。相比较外语、思政这样室内课程，体育课的室外效果会更好一些，学生能够在身心放松自

然的情况下获得技术学习，在体育教学中学生对于技术能力的提升获得很大的满足感。

（二）体育课技术学习过程可以契合校训精神在大学体育课的过程中，大学生不可避免地要学习一项体育项目。在每一项体育项目技术学习的时候，都有课堂教学过程，在这个时候正好是体现校训精神的时候。可以把本校的校训契合到技术的学习当中，让学生感受校训的意义。在这方面，既可以实现体育课本身应具备的功能，学生提高体育能力，养成锻炼习惯，也能够接受学校校训的影响。同时，本校的体育教学也有了自己的特色，区别于全国其他高校，而不是全部千篇一律。以篮球的单手肩上投篮为例，学生在学习过程中，教师不仅要教授单手肩上投篮的基本技术动作，还要在技术教学中体现本校的校训精神，许多学校的校训中有"博学"的内容，就应该把博学的精神包含在教学和技术中，教学时，不仅要讲单手肩上投篮的多种细分动作，高出手、低出手，也要讲出急停、后仰、上篮投篮的应用，要体现博学的内容。在技术练习时也要博学内容，练习各种投篮，而不只是局限于排队原地投篮。总之，要体现博学的校训内容。在大学四个学期的体育课程中，学生通过不断地，反复地学习，就会对校训产生深深的吸引力，在自身就会体现校训的精神。

（三）在体育课获得校训精神后可以辐射到本专业知识的学习上在体育课获得校训精神契合之后，可以把这种能力辐射到自身本专业学习方面，对于本专业的学习对于学生来是最主要的，大部分学生毕业后都要从事以本身的专业相关的工作。各个系部专业的区别，教师的区别，使得各个系部的学生接受教学风格不一致，学校的校训、校风不能统一。而在体育课的获得校训精神之后，可以把这种风格带到本专业知识的学习当中，在全校范围内推广之后，校训精神就可以辐射到本校的所有专业之上。

（四）可以发挥本校的校训特色，使学生特点具备本校特点在校训精神获得推广后，本校的学生也具备了本质不同的特点，形成独有的气质。四年之后，本校的所有学生就会具备这种独有的特点，每一届新生也能获得这种校训精神的传承和积淀，获得更好的精神品质，时间长了之后，学校校风的影响力就会不断地加大。另一方面，也能区别于其他学校的学生，即使在多年工作后，也能让其他的人感觉到这种独有的气质。

（五）可以提高体育课在大学课程中的重要性大学体育必修课在许多国家已经取消了，基础体育开展的好之后，大学已经没有必要继续开展，有体育选修课可以开展，有体育社团的活动参与，学生体育参与度很高。而在中国，大学还是把体育作为大学的必修课，这就使得体育教师要不断发掘体育课的新的功能，发挥和加强大学体育课的重要作用，成为高校课程中不可或缺的课程。而这种重要性不能被动地等待国家的安排，而应该积极主动的争取，要发挥自己的新的能量。

（六）改变体育教师的形象，改变体育从业者的形象在网上有许多旧有的观念，关于体育教师的观念，"头脑简单，四肢发达""你的语文、数学是体育老师教的吧""体育专业还有博士"。这种观念的广泛性对于很多学生有着重要的影响，使得许多人对体育教师有着许多的偏见。可是，在体育学习技能时，获得体能、技术、战术、智能和心理能力获得的成就感可以带给学生，自身的经历在教学中可以获得体现，正好也可以契合校训精神，给予本校学生更多的正向激励，获得他们对于体育教师的尊重感和认同感，使他们觉得体育教师是自己大学生涯不可缺少的精神导师。获得这种地位后，也能改变全国人民心目中体育教师旧有的形象。

（七）提高体育教师的能力，促进体育教师教学水平的发展把校训精神融入体育课程中，需要教师的能力。体育教师要对大学的体育教学做好整体的规划和设计，然后对每学期、每门课和每节课做好相应的安排，在教案设计和教学过程中要体现校训精神。这对教师的能力也提出了要求。体育教师要不断地学习、提高和改进自身的教学能力。对于校训精神的融入也是体育教师发展个人教学能力合提高教学水平的过程。

四、小结

在高校体育课中契合校训精神对于体育课有着重要的意义，体育教师要重视校训精神，改善体育课程在高校课程中的地位，不断地扩大和增强体育课的功能。

第八章 新时期大学体育教学改革发展方向

新时期高校体育教学，在发展学生的身体素质之外，更着重于培养学生的体育行为方法、文化素养和综合能力，体育文化作为体育的精神载体，在其中的作用不可小觑。体育教学想要真正突破传统教学思想和模式的束缚，就要令体育文化真正渗入高校体育教学。我国大学体育教学改革已进行多年，然而从当前大学体育教学改革的现状来看，并没有取得预想的效果。究其原因，大学体育教学改革的目光仍旧集中于教学模式、教学方法、教学内容等方面，却无视大学体育教学在精神方面的贫乏。在当今的新时期，大学体育教学改革，必须要站在时代发展的最前沿，把握体育文化发展的新特点，并利用文化的导向作用，全面促进体育教学改革的进一步深入。

第一节 基于新课改下大学体育教育改革探索

伴随着新课程改革的深入推进，大学体育教育也不断发生着新的变革，无论从教学模式还是教学资源，都取得了喜人的成就，对于大学体育教育的开展发挥着重要作用，也为我国体育事业的发展提供了人才保障。但从当前的大学体育教育的现状来看，仍然有需要改善与进步的空间，在体育教育中所存在的问题不容忽视，因此对于大学体育教育改革至关重要。就大学体育教育改革策略进行了探索与分析，以促进大学体育教育事业的整体繁荣与发展。

长期以来，我国坚持奉行素质教育理念，以培养具有综合能力的社会人才为目标，大力加强教育投入，尤其是对高等教育院校的支持与建设。大学体育不仅关乎学生的成长，更关系着我国社会综合人才的培养与发展，对于大学体育教育事业任重道远。由此在新课改的背景下，展开了大学体育教育的改革与探索之路。

一、新课改下大学体育教育改革的意义

国民体质不仅代表着个人的健康状况，更关系着国家整体的精神状态与面貌，对我国未来的发展具有至关重要的影响。首先，推进大学体育教育改革，能够改善当前青年学生体质不佳的局面，提升学生的身体素质和心理素质，为完成大学学业提供保障。其次，推进大学体育教育体系化的发展，面对传统大学体育教育理念仍然存在的事实，必须以教育改革为前提，不断融合现代教育理念，转换传统教育模式，实现学生从"强迫式"变成"主动式"的转变，真正发挥大学体育教育的实践作用，并形成大学体育教育体系化发展路径，从而带动高校体育教育事业的突破与发展。

二、现阶段大学体育教育中亟待解决的问题

（一）体育教育理念相对滞后。

新课改实施以来，我国的高等院校体育教育得到了明显的进步，但体育教育理念也同时处于转化的交汇点，大学体育教育改革计划为体育教学提出了完善的解决方案，为教育教学能力的提升奠定了扎实基础，然而在实际的推行过程中，仍然受到传统观念的阻碍，将教育改革流落为"面子工程"，仍然沿习传统体育教育观，部分教育机构和教师不积极也不愿意投身改革，造成了教育改革的滞后，严重影响了教育改革的实施与发展。同时，在体育教育模式上仍然以课堂为中心，以教师为主体，而不是突出学生个体的主体地位，导致体育教育形式死板、内容守旧、效率低下的现象依然突出。

（二）体育教育方法模式单一。

体育教育教学是一项系统性的工作，需要长期坚持不懈与科学的规划的，并不能一蹴而就，也正是由于其教育特点的影响，导致在教育中教育方法保守，缺乏探索精神与动力，一味地追求教学任务的完成，而不是以提升学生体育素养为目标。从而导致在实践教学过程中，受传统体育的教学地位影响，导致对体育教育的投入压缩，尤其是体育教学研究投入缺乏，很大程度上导致体育教育的发展局限。同时，大学体育教育多以经验作为教育资本，而对新方法、新模式的应用与接受缺乏勇气，始终无法打破传统教学的思维定式，造成学生对于教育内容的被动接受，使丰富的体育教学内容丧失了应有的活力，弱化了课堂效果的彰显。

三、推进新课改的大学体育教育改革途径

（一）促进大学体育教育理念的改革。

新课改提倡以生为本的理念，在改革中突出学生的主体地位，优化教育的内部结构，实现教育的转型与升级。其主旨就是要摒弃传统的教育观念，重塑大学体育教育的教学地位，围绕培养综合型人才为中心，摒弃传统的教育教学理念，从教师的大包大揽转变成为学生的学习"向导"，培养学生的学习兴趣与主动性，激发学生的体育参与热情。首先，要确立长远的培养目标。总结大学体育教育的特点与规律，以促进学生的体育终身发展为根本目标，全面结合社会的需求与教育实际制定科学合理的培育方案，打破传统守旧的体育教育观，推行教育改革的实施。其次，要以学生的学习兴趣为主导。大学体育教育具有丰富的选择性，根据不同的学生个体制定不同的学习内容与目标，满足学生的体育需求，利用丰富的教育方式和教学内容，充分发挥以点带面的教育优势，丰富学生的学习内容，以个体的成长优势促进体育教育的整体水平提升。最后，要将教师的教育理念作为改革前提。大学体育教师是具体的教育实施者，也是构建体育教育氛围

的关键因素，由此教师教育理念的提升将起到至关重要的作用。必须要让教师对新方式、新理念进行接纳与实践，领悟新课改背景下的大学体

（二）优化体育教育内容与结构的改革。

大学体育教育的质量体现主要来源于教学内容及课程结构，通过新课改实施以来的实际情况来看，部分学校已经在新课改的影响与推动下，实现了体育教学改革的布局，利用自身的优势资源不断进行着探索与实践，取得了较好的教育成果。但从整体的教育改革上看仍具有一定的局限性，体育学校在体育教育的硬件水平上具有较大的投入，但对于教育的软件领域投入则相形见绌，由此所引发的教育内容与结构的改革势在必行。首先，要立足于教育实际完善课程安排。针对部分大学体育课程在大三年级的衔接问题，要结合教育实际保持持续发展的态势，将体育教育贯穿于大学教育的始终，可以利用选修的模式进行个性化的选择安排，以此构建全员参与的氛围。其次，要注重教育内容的丰富性与多样性。体育教育的根本保障就是学生的体育兴趣，立足于此就需要在课程的设计与安排上做文章，坚持以生为本的教育理念，充分融合现今的先进教育理念与方法，打造具有特色的教育模式，通过全面的借鉴与自身的拓展，形成灵活多样的体育教学，突出学生体育核心素养的培育，促进体育教育的长期向好发展。

（三）注重体育教学中评价体系的改革。

体育教育评价是体育教育中的重要环节，也是对教育成果的全面性评估。由于学生的个体差异性，在教育评价中难免出现数据化的评价结果，而若在教育中过于单一的强调量化指标，将在一定程度上影响学生的学习积极性，因此，对于大学体育教育体系的构建与改革显得尤为迫切。一方面，要突出体育教育整体环节的评价。体育教育是一个循环往复并且长期的过程，重点更是集中体现于日常的教育实践，在进行体育教育评价时不能只注重成绩，而是要针对个体的现状，

不断完善教育评价的方法，将学生的日常表现纳入评价范围，这不仅能够将学生的学习过程进行完整还原，还能够对学生产生激励作用，调动学生的体育训练热情，转化学生的体育学习观念。另一方面，要注重建立多样化的评价模式。在传统的体育教育的评价上，无外乎就是针对学生的整体成本或单项表现作为评价指标，而这种简化的评价虽然能够进行客观的反映，但其对体育教育的推动作用甚微。为此，更需要以灵活的评价体系作为教育支撑，针对学生的表现及进步进行实时的评价，让学生在不断地细节评价中融入体育训练，在体现教育公平性的同时提升学生的体育水平，优化后期的教育与学习环境，为新课改的稳步推进增添动力。

四、新课改的大学体育教育改革要利用体育文化的作用

（一）体育文化的概念与作用

体育文化是一切体育现象和体育生活中展现出来的一种特殊的文化现象，与人的体育生活紧密联系在一起。体育文化属于文化范畴，它与其他文化一样，反映了一个时代、一个民族或国家的意志、观念、精神，规范着体育行为的进行，也对人们的价值观产生影响。在高校层面上，体育文化通过高校师生在体育授课与学习、体育生活的实践中得来，既是体育文化的一部分，也是高校校园文化的一部分。体育文化通过校园内的各项活动、各种体育实践行为得到传播，帮助大学生树立正确的体育价值观、体育信念、体育道德，具体如下。

1.体育文化对学生心理产生积极影响

体育运动是人类自觉地、有意识地进行的活动，这种行为中包含着强烈的情感意识因素，其中一些情感是可以浓缩概括为优秀的体育信念、体育精神的。通过对大学生进行体育文化教育，可以使学生更加理解体育运动的精神内涵，产生强烈的情感动力，更加有激情地投入到体育的学习中。

2.体育文化培养学生的优秀体育素养

高校体育的最终目的，不仅仅是流于表面地使学生掌握运动项目的技巧，而是要使学生形成优秀的体育素养，树立"终身体育""健康第一"等思想，真正理解体育对于人的发展的重要性。通过体育技术动作的教学，学生可能在一段时间内掌握了动作和技巧，但这种记忆不可能是永久的。只有进行体育文化教育，使学生理解体育动作技巧背后的深刻内涵，体会体育技术与体育文化的相互渗透、相互交融，进一步去理解体育运动所蕴含的独特的精神意志，并自发地将这种神圣的情感刻在内心，最终发展为自觉的体育素养。

3.体育文化有助于高校德育的进行

文化具有导向性作用，体育文化也是如此。优秀的体育文化可以陶冶学生的身心，促进学生个性的发展和健康心理的建构，同时将体育精神融入日常生活当中，为学生身心的健康发展奠定基础，为学生的进一步自我完善提供保障。

（二）高校体育教学中体育文化的缺失

运动技能、体育知识和体育意识是体育教学的三个基本维度，任何一个维度的缺失必然会带来体育教学的偏颇。然而如今的高校体育教学往往明显偏重于运动技能的教学，这是由于技能教学具有考核标准明确、教学内容固定、收获对学生的体质发展的效果明显等特点，便于实施。过于偏重技能教学的后果就是学生缺少对于体育的基本理解，依旧将体育概念与跑步跳远、足篮球等具体项目挂钩，并不把体育视为生活中不可缺少的一部分，体育文化修养极其低下。造成这种现状的最大缺口，就是体育文化的缺失。加强学生的体育文化修养，必须要重视体育文化对人的塑造功能，使文化的熏陶与技术教学相配合，进行全面地培育。体育教学本该是一种整体性的教育活动，最终达到提升学生身心整体的体育文化修养。只有当体育文化修养得到良好的训练后，学生才会具有自觉的意识去进行体育锻炼、并养成良好的锻炼习惯，实现"终身体育"思想的真正扎根确立。

（三）将体育文化融入体育教学改革

1. 注重当下体育文化发展潮流，紧跟趋势

体育教学改革要与当下体育文化的发展和创新结合起来。改革就是革命，是一个不断前进发展的过程，高效体育教学改革必然要受到大环境的影响，必须从中吸收优秀的资源来丰富自身，既适应社会的需要，也适应学生的需要。同时，体育教学改革也要不断地进行自己内部的发展和完善，不断创新理论和方法，随体育文化共同发展，齐头并进。

2. 重视"轻体育"发展方向

轻体育是一种轻松、愉快，运动量相对较小，自由、简单的体育活动形式，具有广泛的群众基础，是现代社会休闲体育的主要活动载体。随着体育文化的发展、体育运动的全民化进程，轻体育日渐成为社会体育的主流，得到人民大众的认可，其影响之大，必然应当成为大学体育教学中不能忽视的一部分。当代大学生普遍具有喜爱新奇事物的特点，相对有趣的轻体育项目更容易激发他们的兴趣，积极地参加到活动中来，使他们在体育运动中更容易收获快乐，这是符合体育文化的内核的。当然，轻体育只是高校体育教学的一个值得重视的发展倾向，它过于偏重娱乐性，缺少严肃性，必然是不能取代传统体育项目的地位。

3. 进行文化熏陶式教学

将体育文化与体育教学改革相结合，这就要求教师采取与技术动作教学完全不同的教学方法。教师应该重视师生间的对话与交流，重视教学过程中情感因素的作用，营造一个充满良好氛围的空间，使学生在一个崭新的情感状态下去接触体育文化、理解体育精神，比起操作和练习的教学训练，更将重心放在感受、感悟上。这也要求教师淡化对于学习成绩的评价，转而注重学生在该过程中的体验与感受的丰富度，这样才能真正有效地使体育文化走进学生的心中。

4. 学校硬件设施的改善

学校的硬件设施是体育教学工作得以开展的基础。若想开展丰富的体育文化活动，仅依靠原有的传统体育设施是远远不够的。体育文化的宣传更多地需要在校园媒体平台上进行，以长期性、综合性、多样性为宗旨，营造校园内良好的体育文化氛围。例如：可以使用校内宣传栏及橱窗来张贴海报，以及通过校园网上传优秀视频与资料，供学生进行了解。另一方面，传统的体育场馆设施也需要做到相应的加强，支持学生进行自主的体育运动及活动，否则体育文化的宣传就成了一种徒劳。

5. 重视校园体育文化建设

校园体育文化既是校园文化有机的一部分，也是体育文化中重要的成分。通过校方组织举办体育文化活动，既是宣传体育文化、发扬体育精神对大学生的熏陶作用的重要手段，也是促进校园特色文化建设、促进校园气氛和谐的有效方式。首先，校方应着重组织举办体育文化节。体育文化节不同于校内运动会，它注重文化气氛的塑造与精神气质的传扬，而非竞技比赛。通过丰富多彩的展示性内容与有趣且简单易懂的游戏活动形式，使全校的师生都积极参与进来，丰富自身体育知识、培养对体育的兴趣，并拥有一个舞台去展示自己的才艺、表达自己对体育的理解与内心情感。其次，校方也应重视校内体育俱乐部、体育社团的建设，加强这些组织的影响力、竞争力。体育俱乐部与社团通常由爱好体育的学生自发组成，他们为自己喜爱的体育活动付出大量时间和精力去投身实践，其热情与行动力是不可小觑的。校领导应加强对这些社团的建设，首先要以体育文化精神为指导，引导其正确的活动和发展方向。其次要加大对这些社团的体育资源的投入，支持他们更好地进行自身的宣传与建设，多多参与进全市、全国范围内的相关体育比赛活动，扩大自身影响力，更好地促进体育文化的传播。

第二节 大学体育教育管理的瓶颈与突破

在素质教育不断深入的背景下，我国更加注重为学生开展素质教育工作。传统的教学模式已经逐渐的被抛弃和改革，大学是落实开展素质教育的主要场所之一，而大学体育又是主要教学内容之一，所以在大学体育教育以及管理工作中要坚持遵循以素质教育为基础来促进学生的全面发展。但是不可否认，当前的大学体育教育管理工作中依然存在着各种问题有待完善，这就要求相关管理人员和教师要以一种正确的眼光看待在教育管理工作中存在的问题。

一、针对当前大学体育教育管理中存在各种中瓶颈的分析

（一）管理理念

在当前大学体育教育管理工作中依然存在着理念落后的问题，虽然在新课程改革不断深入的背景下，更加注重学生的全面发展，要求在为学生提供理论教学的同时，还要为学生开展各种多样化的实践活动，但是在大学体育教学工作中却忽略了更新自身的教学理念，并且很多大学却未能重视体育教育管理工作，以至于造成当前大学体育教学工作缺乏一定的资金支持和运动设施，对体育教学工作的顺利开展形成阻碍。未能形成完善的体育教育管理体系，甚至部分大学还将管理的重点落实在对学生的管理工作当中，不能有效地将体育教学目标当作是关键的管理对象之一，造成这种问题的主要原因就是对管理理念的认识不够深入和全面，虽然说当前部分大学设置了完善的体育教学目标，但是在实际设置工作中却未能体现出学生的主体地位，学生处于一种被动的学习状态，以至于体育教学的目标设置缺乏科学性以及合理性，并且在落实中也存在着各种问题，严重阻碍大学体育教学质量的显著提升。

（二）管理形式

当前大学体育教育管理中存在的另一个问题就是管理的手段以及教学评价的方式不合理。一般情况下，当大学中的管理人员设置体育教育管理体系这一工作时，却未能综合考虑教师以及学生自身的实际情况，而是从自身为出发点来进行制定体育教育管理体系，在这一背景下也就导致体育教育管理体系和实际教学工作相互脱离，教师甚至在体育教学过程中不能够体现出自身的引导以及辅助优势，学生逐渐对体育学习才能抵触心理，不利于激发学生的学习热情，从而使体育教学质量大幅度的降低。而且在为学生开展教学评价工作时，由于过重的重视教学过程管理，对教育管理的结果也就有所忽视。因为本身大学体育教学的内容就具有多样化的特点，授课过程中教师自身的教学压力也就越大，所以只能够完成对重点体育课程的讲解工作，剩下的课程让学生们进行自主练习，这种手段未能坚持遵循教学目标，大学生自身的成绩在考核当中也不能作为教学目标来当作合理的参考标准。除此之外，部分大学生由于存在着错误的学习观念，对体育教育管理不重视和关注，以至于教师在教学过程中表现得较为随意，未能落实按照教学目标来进行授课。

二、针对有利于促进大学体育教育管理工作顺利开展可行性对策的分析

（一）提升管理人员综合素质

在大学体育教学工作中开展体育教育管理工作，能够实现体育教学工作有序开展。在充分考虑并且遵循学校自身企业的实际情况下，落实对体育各教学环节的创新和改革，显著提升体育教学的整体质量，促进学生的全面发展。为了促进大学体育教学管理工作的顺利开展，这就要求要采取有效的手段来提升管理人员的综合素质。管理人员自身的综合素质和体育教育管理的水平有着深远的联系，所以这就要求作为一名合格的体育教育管理人员，要加强学习，提升自身的专业

性技能以及综合素质。也可以要求学校中的管理人员加强培训工作，对大学体育教育管理人员定期开展技术培训，实现在培训的过程中让管理人员了解当前新型的教学理念以及管理手段，创新传统的教育管理形式，提升综合素质。在当前社会不断发展的背景下，信息技术在社会各个领域中都有着广泛的应用空间，其中在教学工作中也不例外，这就需要大学体育教育管理人员要适应社会的发展，跟上社会发展的潮流，积极地学习各种计算机技术，具备采用计算机技术的技巧，落实通过利用计算机技术来开展各项工作，降低工作的强度和难度系数，为显著提升大学体育教育管理的现代化水平奠定坚实的基础。

（二）重视管理手段和理念的更新

重视管理手段以及理念的更新也将会促进大学体育教育管理工作的顺利开展，这就要求要对当前传统的教育管理形式进行优化和创新，再根据自身的教学特色来构建内容完善的体育教育管理体系。与此同时，作为学校中的领导和管理人员也可以学习和参考其他大学体育教育管理的成功经验，再根据自身学校的实际情况来制定出适合自身发展的教育管理模式，确保各体育教学工作能够顺利开展。还要落实建立现代化的评价体系，要求要重视和加强对体育教师自身能力的考核以及评价工作。作为专业的管理人员，要注重形成一种终身学习意识，加强思想觉悟，了解到大学体育教育管理对促进体育教学工作顺利开展的价值，再进一步加大对大学体育教学工作的扶持力度，像资金补助、设备更新等，从而为学生们营造一种良好的学习空间。除此之外，大学中的领导和管理者要注重优化自身的管理意识以及监督意识，落实在体育教学工作中监督各教学环节，并设置具有针对性、科学性的政策以及考核机制。

三、总结

通过上述问题分析，我们充分地意识到注重大学体育教育管理工作的重要性和必要性。这就要求相关管理人员和教师掌握当前大学体育教育管理工作中存在管理理念落后、管理形式单一的问题，并落实在后续都要教育管理工作中要提升管理人员的综合素质以及专业性技能、重视管理手段以及理念的更新和完善，从而为大学生提供更加专业的体育教学，提升体育教学的教学质量以及管理力度，实现各种体育教育以及管理工作迎合新课改提出的各项要求。与此同时，还要不断地探索以及创新各种顺应社会发展，跟上社会发展潮流的教育管理形式和理念，为促进学大学生的全面发展奠定坚实的基础。

第三节　大学体育通识教育革新分析

由于大学体育课程具有丰富大学生课余生活、提升其身体素质的重要意义，因而对具体的大学体育教育模式进行适当的改革工作是十分重要的一项工作内容。在现有的体育课堂中存在着较多的问题，就需要及时地将其在通识教育的背景模式下进行适当的教育革新工作。本文就基于此进行有效分析。

一、通识教育理念

通识教育英文名为"generaleducation"抑或是是"liberalStudy"，因此也被称之为"普通教育""一半教育等"。它是我国乃至世界所实行的一种教育模式，这一教育名词最早出现于古希腊时代的自由教育，这种教育目标所践行的教育理念以及教育目标为——在现代多元化的社会中，为接受任何一种教育程度的受教育的群体人员提供各种最为使用的价值观、为其灌输各种有效的知识。对于通识教育的教育理念进行有效分析，可以明显发现在具体的教育过程中，强调教师在教学的过程中应当重视对学生的"育人能力"而非仅仅是"教授给学生相关的课本知识"。由于通识教育所具有的专业型划分工作能力较弱的特点，这就需要在具体的教学模式进行选择的过程中，教师所拥有的选择方式是多种多样的，从而更为有效地选择适合学生个性增长、自由学习的学习模式的选择，充分培养学生个人之间的学习潜力以及个人精神特性的增长，从而有效实现学生个人的综合素质发展能力的提升、注重培养学生的个人时间能力的提升，并且保障学生在学习的过程中不会出现各种偏科问题的出现，保障学生能够在学习的过程中得到全面发展的综合性学习能力。"通识教育"的教学理念在具体的大学课程中，所具有的广义概念为——除了本专业学生所需要学习的专业课程以外的所有的学习内容被称之为通识教育课程。例如：各种公选公修课、大学社团活动、社会实践活动、校园文化活动的举办以及各种丰富学生内心精神世界的讲座的举办。

二、大学体育教育是通识教育的组成部分

对我国大学所开设的所有课程进行分析，可以明显发现体育这一门课程是所有大学所开设的一门公共基础课程。这门课程开设的目的旨在为了提升学生的身体健康素质、丰富学生的课余时间，从而有效实现学生个人综合素质能力的提升。由于大学体育教学课程开设所具有的重要意义，因而其成为通识教育中一项重要的教学内容。

三、当前通识教育在大学体育教学的现状

（一）学生缺乏自我锻炼意识。

对于处在大学阶段的学生而言，由于其在学习的过程中，面临着较重的课业负担、各种社团活动的举办，导致其在整个的大学生活过程中面临着较为严峻的时间安排，从而导致具体的大学生活的时间安排中缺少了自我锻炼的意识、缺乏相应的实践安排，从而导致学生的身体体能下降等一系列身体健康问题的出现。并且对于大学体育课程而言，由于学生具体开设的课程存在着学生明显存在着忽视相应的课堂训练的内容，从而导致具体的大学体育的开设过程存在着较多的问题，失去课程开设的具体意义。最为重要的是，这种大学课程中所具有的特点会加剧学生在锻炼过程中的身体素质的降低、造成学生个人身体机能的循环下降。与此同时，对于大学开设的整个体育课程而言，学校会在学年结束的时候对学生进行体能测试的教学环节的进行，但是随着时代的不断演变以及进行，这就导致具体的课程开设的过程中存在着忽视了体能测试的重要性意义，并且部分学生会存在着难以达到体能测试中的各项体能标准的问题出现，导致学生个人进行自我锻炼的意识进一步降低。

（二）大学体育教学模式僵化落后。

对于大学生所开设的体育课程进行分析，可以发现在具体的课程开设的过程中存在着教学模式开展较差、大学体育的课程教学职能较弱的问题。基于此导致具体的课程开设的过程中存在着明显的学生锻炼积极性降低、大学教育体育教学模式存在一定的僵化落后的问题，从而导致具体的体育课程开展的过程中存在较大的问题。在传统的体育教学课堂开设的过程中，相关任课教师所采用的教学模式所采用的各种教学手段的进行表现为任课教师只重视对学生进行相关的教学计划的践行以及完成，并且按照教学要求保障学生能够正常有效完成相关的教学任务，并且根据教育体能测试的方法对学生进行体育课程的考核任务，反而忽视了对学生进行日常学习过程中的相关学习理念以及学习要求，这一整套教学环节的进行即为具体的大学体育课程开展过程中所采用的教学模式以及教学理念。基于此，在具体的学习课程开设的过程中这种传统的教学理念以及教学方法导致在具体的大学课程开设的过程中存在着较多的问题，忽视了对学生进行相关的体育锻炼知识的了解以及掌握，从而忽视了在具体的课程开设的过程中对学生运动技巧以及关键技巧的培养能力，从而保障学生个人在体育课程学习过程中的相关学习理念的进行、降低了体育课程在学生学习过程中的地位，从而降低了大学体育课程的开展模式。

（三）教师素质有待提升。

随着新课程教育改革理念的提出后，我国的教育体制对相关任课教师提出了更高的工作能力的要求。但是在目前的大学体育教学的过程中，相关任课教师的教学模式以及教学设计都存在着较多的问题，从而影响了实际的教学课堂效率的提升、影响学生个人身体素质的提高。在通识教育的背景模式下，部分任课教师的教学素质存在着一定的缺陷，由于其没有彻底了解掌握相关新课程的一些教学改革的中心以及重心，导致实际开展的体育课程存在着较多的问题，使得在新课程改革的现代化社会背景条件下我国的体育课程改革存在着明显的不完整性。对于我国大学教学过程中相关的体育教师进行分析，发现部分任课教师的师源都是来自原各个体育院校的学生，并且其在学习的过程中，学习的重心都是各项体育活动的技巧的教授以及练习，忽视了相关通识教育教学理念的灌输以及理解，这就导致具体的大学体育课程开设的过程中，相关任课教师由于其自身教学素质的不达标，在课程进行的过程中只重视对学生各项体育技能的技巧的训练，忽视了对于学生个人综合素质的提升、思想情感态度的表达，使得具体的开设的体育课程存在较多的问题。

四、通识教育视野下的大学体育教学的改革策略

通过对我国大学体育课程教学过程中现存的问题进行有效分析，可以明显发现对大学体育课堂进行适当的教学改革工作是目前急需进行的一项工作制度以及工作内容。这就需要在通识教育的北京条件下，有效对我国的大学体育教学过程进行适当的改革工作。

（一）着力于提升大学体育教师的素质。

在课堂进行的整个过程中，教师个人的工作素质以及工作能力占据了课堂效率中一项重要的环节。因此在实际的大学体育课程开设的过程中，相关管理人员应当着力于提升教师的工作素质，从而有效实现大学体育课程教学目标的高质量完成——对相关任课教师进行适当的培训工作，保障教师能够充分了解以及掌握通识教育的相关理论知识，从而有效实现在课堂教学方法进行设计的过程中能够选择最为有效的教学方法以及教学模式，并能够有效地对其进行适当的教学方法的改革创新行为，从而实现体育教学满足提升学生个人身体健康素质、为国家培育全面性发展的人才。

（二）更新大学体育教学模式。

由于部分体育任课教师在课程进行的过程中依旧采用传统的教学模式以及教学手法，这就影响了体育课堂的教学效率的提升、教学目标的进一步实现。因此在实际的课堂进行的过程中，教师应当培养学生重视体育锻炼的意识，及时地对学生进行通识教育。从而在实现教学模式改革的过程中，提升学生锻炼兴趣的增加。最为重要的是，在具体的课程开设的过程中，教师可以根据学生的兴趣为学生选择合适的课程，从而实现学习效果的增加。

（三）提升学生自主锻炼的意识。

大学体育教学的目的是为了加强学生的身体素质，但是学生身体素质的提升不单单是依靠体育课程就能够提升的，更为重要的是学生能够利用自己的课余时间自主地进行锻炼，这样才能起到较好的健身效果为此，在大学体育教学中教师除了要教给学生最为基本的健身方法之外，还要能够根据学生的身体状况给学生制定合理的体育锻炼计划，以此让学生利用自己的课余时间进行锻炼，通过这样循序渐进的锻炼过程，可以更好地促进学生身体素质的提升，起到较好的教学效果。

五、结束语

由于大学体育课程具有丰富大学生课余生活、提升其身体素质的重要意义，因而对具体的大学体育教育模式进行适当的改革工作是十分重要的一项工作内容。在通识教育的教学理念下的改革工作是一项重大而又重要的改革过程，这就需要体育教师以及相关学生重视改革工作，切实从自身做起，提升大学体育课程的有效性以及高质量性，从而有效大学课堂开设的意义。

第四节　大学体育教育改革策略分析

课程教育改革是基础教育改革的核心内容，体育课程和体育与健康课程是中小学课程体系中的重要组成部分之一，对素质教育的实施和德、智、体、美的全面发展具有举足轻重的作用。基于这种新课程标准形势下的大学体育教学，我们更要不断探索教育改革方向，革新教育教学思想，通过对学生多方面、多维度的提升，促使学生全面发展，从而培养出适应我国发展与需求的高质量人才。

体育教学是素质教育与培养学生德、智、体、美全面发展的重要途径，立足于全新教育理念，通过对传统教学体育教学的改革，突出健康教育目标。在高校体育教学活动中，要求教师推进教育改革的深入，围绕学生主体，正确理解和贯彻落实课程标准，培养出身体素质过硬的新时期人才。

一、体育课改中存在的误区

（一）**忽视技能与体能**。新课程标准下的体育教学明确要求，学生体育学习的前提和目标是对运动技术的掌握，这也是体育教学中培养学生身体健康、体能发展的重要内容和手段。传统体育教学活动中，教师认为只要学生能够动起来，就达到了体育要求，忽视学生体育技能的掌握、体能的锻炼，导致体育课程成了休闲课、游戏课等。体育新课程标准下，教师应积极开展有效体育教学，指导学生得到体能和技能的进步、增强社会生活能力，提高社会适应能力。

（二）**正视"学生为本"**。体育课程标准指出："体育教学应在师生平等对话的过程中进行""学生是体育学习的主体""教师是学习活动的组织者和引导者"，这表明教师作为学生学习的引导者、学生作为教师教学的参与者，体育教学活动是教师与学生在平等互助的背景下完成的。但当下新课程标准体育课堂教学中却出现了部分不正常现象：教师讲授时间严重缩水，贬低教师价值，过分强调学生的主体性。这样一来，不仅抑制学生主体性的有效运用，同时导致教师与学生不能有效进行互动与探究。在高校体育教学活动中，教师应正视自身身份，充分发挥自身引导作用辅助学生掌握体育技能。

（三）过分追求形式化。体育新课程标准强调合作学习，但很多体育教师认为合作必然是分组学习，未能准确认识问题相互联系、相互依存的特性，布置每一个小组研究一个问题。在高校体育教学中，教师应根据问题的内在联系、遵守学生体育学习规律，循序渐进开展教学活动。从而，让体育课程时而沉思、时而活跃，充分挖掘出学生个性化的见解和独特性的观点。

二、大学体育教学模式的改革

（一）教育观念健康化。

大学生即将步入社会，能够正确看待"身体是革命的本钱"。在高校体育教学中，教师应建立健康化体育教学理念，对学生的体育锻炼积极引导，培养出身体素质过硬的新生力量。在高校体育教学中，学校会组织学生选取自己感兴趣的体育项目，如排球、武术、跆拳道、足球、篮球等，但教育目标都是在遵循学生兴趣爱好的基础上，培养学生具备良好的身体素质。鉴于此，在高校体育教学中，无论学生选修哪一类体育项目，教师都应积极组织学生锻炼身体。教师珍惜每一节体育课程，根据教学目标设计好教学环节。首先，教师组织学生800米跑步锻炼，一方面是有效利用学生的体育时间，另一方面是为教学活动的开展做好充足准备。其次，教师组织学生进行拉伸活动，帮助学生拉伸韧带，灵活进行体育锻炼。最后，在实际教学活动开展过程中，教师根据教学内容对学生加以指导，帮助学生熟悉并掌握体育技能。教师围绕健康主题，精心设计教学环节，引导学生在每一节体育课堂中都能进行有效锻炼，促使学生养成强健体魄，这也是对体育新课程标准的实现，对高校体育教育事业的发展具有推动作用。

（二）教学内容更新化。

高校体育教学中，体育课程的内容应随着社会对人身心发展的不同阶段不断更新，这就要求体育教师在教学活动中，正确看待社会对体育事业的需求，引导学生强化自身体育技能。足球运动在高校体育教学中往往被忽视，这也是很多学生缺少足球兴趣的原因。当下，我国关注足球事业的发展，不断加强对足球运动员的培养与锻炼。在高校体育教学中，教师应有效看清社会发展趋势，强化足球运动的开展。在足球体育课的选报中，教师应多多鼓励学生积极参与。在实际足球教学中，教师可以结合多种教学方式，如游戏教学法、多媒体教学法、任务驱动教学法等，激发学生的足球兴趣，提高学生课堂参与的主动性与积极性。另外，教师在足球技能讲解时，还要适当渗透足球精神，帮助学生树立正确的竞技精神。在高校体育教学中，教师根据国家的发展与需求，更新体育教学内容，开阔学生体育学习视野，既是对教育任务的满足，也是对学生兴趣的有效激发，对体育教育事业的深化具有不可忽视的作用。

（三）教学过程实践化。

在高校体育教育中，教师在关注学生体育技能培养与体质强化的同时，更应关注体育活动的实践，通过相应活动的开展，促进学生对体育技能的实践应用，这也是对教师教学效果与学生学习成果的检验，进一步提高高校体育教学质量。高校体育教学种类多样，教师对学生体育技能的检验也仅仅依靠期末体能测试。因此，在实际体育教学中，教师每学期组织全校学生积极参与运动会。运动会的项目设置与以往运动会不同，教师根据学生的体育学习种类上报学校，除传统的长跑、短跑、跳高、跳远、铅球运动项目等，学校在运动会中设置鉴赏型运动内容，对学生武术、跆拳道等进行动作点评。另外，针对足球、篮球、排球等球类项目，学校会在运动会的第二天开展比赛，并鼓励学生积极到场观看。通过运动会等比赛项目的举办，引导学生将所学的体育技能进行实践应用，在实践中检验学习效果。教学过程中开展实践性应用，一方面可以使得教师有效教、学生有效学；另一方面，体育实践活动的开展，能够激发学生的体育兴趣，促使学生积极锻炼身体，增强体育技能。

（四）课内课外一体化。

在高校体育教育中，教师应充分利用课上与课下时间，组织学生积极投身于体育锻炼，在日常锻炼与生活中养成良好的体育兴趣，以及健康的身体素质。对学生课内外时间的有效利用，从而实现体育教学一体化。

大学生课时较少，有充足的时间自由活动，这也是学生充盈自身，为走进社会做准备的重要阶段。在体育教学中，教师应积极组织学生利用有限时间进行锻炼，增强学生体质。每次体育教学中，教师都要鼓励学生锻炼身体。这就要求教师充分发挥以身作则的榜样作用，每天早上会准时到操场进行晨跑，在教师的引领下鼓励更多的学生参与到体育锻炼中。除此之外，教师还可以组织学生夜跑。教师在课堂中鼓励学生加强锻炼并掌握体育知识技能，在课下率领学生积极锻炼，这种课内外一体化的体育教学形式，在锻炼学生身体素质的同时，能够有效激发学生学习兴趣，完善体育课程标准要求。体育教学对学生素质教育和全面发展具有重要作用。在高校体育教育中，教师应正确认识体育教学误区，根据体育新课程标准革新体育教育活动，促进学生体育技能与身体素质齐发展。